SV

Band 198 der Bibliothek Suhrkamp

Henry Miller

Das Lächeln am Fuße der Leiter

Suhrkamp Verlag

Aus dem Amerikanischen von Herbert Zand.
Titel der Originalausgabe:
»The Smile at the Foot of the Ladder«.

Dreiundfünfzigstes und vierundfünfzigstes Tausend 1980.
Lizenzausgabe mit freundlicher Genehmigung des Rowohlt
Verlags, Reinbek. © Henry Miller, Big Sur, Cal., USA, 1948.
Alle Rechte vorbehalten. Satz: Libri-Presse, Kriftel/Taunus.
Druck: Nomos Verlagsgesellschaft, Baden-Baden
Printed in Germany.

Das Lächeln am Fuße der Leiter

Nichts konnte dieses ungewöhnliche Lächeln trüben, diesen Schimmer über Augusts traurigem Gesicht. Im Ring der Manege begann es aus sich selbst zu leuchten, es löste sich ab und strahlte aus eigener Fülle: Abglanz eines niegesehenen Lichts.

Am Fuße einer Leiter, die er gegen den Mond gelehnt hatte, setzte sich August nieder, in Betrachtung verloren. Sein Lächeln gerann, und seine Gedanken waren weit fort. Mit all der Vollendung, die er nun erreicht hatte, spielte er seine Ekstase und überraschte jedesmal das Publikum mit der äußersten Unbeholfenheit, die ein Mensch zeigen kann. Der große Clown beherrschte viele Tricks, aber seine Ekstase war unnachahmlich. Keinem war es bisher gelungen, die Entrückung darzustellen.

Abend für Abend wartete er am Fuße der Leiter auf das weiße Pferd, dessen Mähne in goldenen Kaskaden zu Boden fiel. Es kam und berührte ihn mit den Nüstern. Die Zärtlichkeit der Stute, laue, feuchte Wärme in seinem Nacken, war wie der Abschiedskuß einer Geliebten. Zärtlich weckte sie ihn, sanft wie der Tau am Morgen die Grashalme, die unter ihm erzittern.

Jeden Abend wurde er aus der Entzückung wieder hineingeboren in den Kreis des grellen Scheinwerferlichts. Da waren wieder Tisch, Stuhl und Decke; das Pferd, eine Glocke, bunte Pappreifen; und die ewige Leiter, der Mond in der Kuppel, die Bocksblase. Mit diesen Requisiten spielten August und seine Kumpane jeden Abend das Drama menschlichen Martyriums.

In schattenhaften Zirkeln hob sich rings um sie Sitzreihe über Sitzreihe aus dem Dunkel der Arena: Gesichter, und große Lücken dazwischen, in denen der Strahl des Scheinwerfers wie eine scharfe Zunge leckte. Die

Musiker, verschwimmend im glitzernden Staub und im Flimmern der Magnesiumlichter, klammerten sich wie gebannt an ihre Instrumente. Im Wechselspiel von Schatten und Licht wogten ihre Körper wie Sträucher im Wind. Der Schlangenmensch rollte sich ein und schnellte wieder empor – über einem gedämpften Wirbel der Trommeln. Eine Fanfare der Trompeten kündigte den Kunstreiter an – das war die Regel. August begleitete manchmal ein dünnes, spitzes Sägen auf der Violine, manchmal der Spottdrosselton einer Klarinette bei seinen Sprüngen und Narrenpossen. Aber vom Augenblick seines Eintritts in die Trance an verfolgten ihn die Musiker, sogleich inspiriert, von Spirale zu Spirale, von Glückseligkeit zu Glückseligkeit, wie Schlachtrosse eines wildgewordenen Karussells.

Jeden Abend, beim Schminken in der Garderobe, hatte August ein Gespräch mit sich selbst. Die Seehunde, was immer man sie tun ließ, blieben Seehunde. Das Pferd ein

Pferd; der Tisch ein Tisch. August dagegen blieb ein Mensch und hatte mehr zu sein: ein ganz besonderes Wesen mit nur ihm eigentümlichen Gaben. Er mußte die Leute zum Lachen bringen. Sie weinen machen, das war nicht schwer, auch ihr Lachen war noch leicht hervorzurufen, das hatte er schon vor Jahren entdeckt, lange bevor er vom Zirkus zu träumen begann. Aber er hatte einen höheren Ehrgeiz: er wünschte den Menschen das Geschenk einer unablässigen, stetig sich neu erweckenden, neu sich speisenden Freude zu geben. Diese fixe Idee hatte ihn zu seiner Finte veranlaßt, zur Ekstase am Fuße der Leiter.

Durch puren Zufall war er in Trance verfallen, hatte das Nächste um sich und was zu tun war vergessen. Als er seine Sinne wiedererlangte, verwundert und im höchsten Maße beunruhigt, hörte er frenetischen Applaus. Am nächsten Abend wiederholte er das Experiment, diesmal absichtlich und wohlüberlegt, in der Hoffnung, das rohe, sinnlose Lachen würde endlich der unermeßlichen Freude weichen, die zu erwecken er so innig wünschte. Doch jeden Abend erwartete ihn, seinen fieberhaften Anstrengungen zum Trotz, derselbe irre Beifall.

Je mehr Erfolg er mit dieser Nummer einheimste, desto glühender wurden seine Anstrengungen. Das Lachen verschärfte sich zur Qual seiner Ohren. Endlich wurde es gänzlich unerträglich.

Und eines Abends verwandelte sich das Gelächter in Heulen und Pfeifen. Hüte flogen in die Manege, Orangenschalen, Bananen und festere Gegenstände folgten. August erwachte aus seinem ekstatischen Lächeln nicht mehr zur Trauer der Welt. Dreißig Minuten hatte das Publikum gewartet, war unsicher geworden, dann mißtrauisch, und schließlich waren die Nerven gerissen und es explodierte wie ein überheizter Kessel: Hohn strömte aus wie Dampf.

Als August in seiner Garderobe das Bewußtsein wiedererlangte, staunte er, einen Arzt über sich gebeugt zu sehen. Sein Kopf und sein Gesicht waren völlig zerschnitten und zerschlagen. Blut weichte die bunte Schminke auf und gerann mit der fettigen Farbe. August war vollkommen unkenntlich: er glich einem vergessenen Stück Fleisch am Hackstock des Metzgers.

Als er den Kontrakt zerrissen hatte, floh August aus der Welt, die er kannte. Seinen Beruf wollte er nicht weiter ausüben. Unbekannt und unerkannt trieb er zwischen den Millionen, die er zum Lachen gebracht hatte. Es war keine Bitterkeit in seinem Herzen, nur tiefe Trauer. Und es war ein endloser Kampf, die Tränen zurückzuhalten. Er richtete sich mit diesem Zustand seines Herzens ein.

Es ist nichts, sagte er zu sich selbst, nur ein vorübergehendes Mißbehagen, das jeden ergreift, wenn er plötzlich die gewohnte Bahn verlassen muß, und ich bin ein Leben lang in dieser Bahn gefahren. Was Wunder ...

Die Monate vergingen, und er begriff allmählich, daß er Verlorenem nachtrauerte. Etwas war ihm genommen worden – nicht die Fähigkeit, Menschen zum Lachen zu reizen, das fesselte ihn längst nicht mehr, nein, Tieferes, das nur ihm allein gehörte. Eines Tages dämmerte in ihm die Erkenntnis, daß er seit langer Zeit den Zustand der Glückseligkeit vermißte. Diese Entdeckung machte ihn zittern, er konnte es nicht mehr erwarten, in sein Zimmer zurückzukehren. Aber anstatt das Hotel aufzusuchen, rief er ein Taxi herbei und verlangte vom Fahrer, daß er ihn vor die Stadt führe. Aber wohin? wollte der Chauffeur wissen.

»Überallhin, wo es Bäume gibt«, erwiderte August ungeduldig. »Beeil dich, ich bitte darum – es ist dringend ...«

Hinter einem Kohlenschuppen fand der Chauffeur einen einzelstehenden Baum. August befahl zu halten.

»Ist es hier?« fragte der Fahrer ahnungslos.

» Ja, und laß mich in Frieden . . .«

Lange Zeit mühte sich August verzweifelt, rund um sich jene Atmosphäre zu schaffen, die ihn umgab, wenn er abends im Zirkus zur Leiter trat. Es war eine Voraussetzung. Aber das Licht blieb hart und unerbittlich; eine schreckliche Sonne brannte in seinen Augen.

Das Einfachste ist, dachte er, ich bleibe hier sitzen, bis die Nacht kommt. Wenn der Mond aufsteigt, wird alles seinen rechten Platz finden.

Wenige Augenblicke später war er bereits eingeschlafen. Es war ein schwerer Schlaf. Er träumte von seiner Rückkehr in die Manege. Nichts hatte sich dort geändert, alles war geblieben, wie es war, nur war es nicht länger ein Zirkus, in dem gespielt wurde. Die Kuppel war verschwunden, die Wände des Zeltes waren fortgestürzt in die Nacht.

Über seinem Haupt stand der wirkliche Mond hoch in den Himmeln, ein Mond, der

14

durch unbewegte Wolken ritt. An Stelle der Sitzreihen dehnte sich in sanfter Steigung Mauer an Mauer, aus Menschen gebildet, wie die Befestigungswälle einer Stadt.

Kein Laut, kein Lachen, kein Murmeln dieses Publikums. Eine unübersehbare Menge von Gespenstern in einem endlosen Raum, und jedes dieser grauen Gespenster hing an einem Kreuz. Erstarrt vor Angst, vergaß August alles, was er hatte tun wollen.

Nach einer unerträglich langen Pause der Unentschlossenheit, während der er sich grausamer verraten und verlassen fühlte als der Erlöser selbst, machte er einen wilden Versuch zu entfliehen. Aber wohin immer er rannte: die Ausgänge waren versperrt. In seiner Verzweiflung stürzte er sich auf die Leiter und begann fieberhaft zu klettern, emporzuklimmen, immer höher und immer noch höher, bis ihn der Atem verließ. Da hielt er inne, atmete und wagte die Augen zu öffnen.

Zuerst blickte er nach unten. Die Leiter ver-

15

lor sich mit ihrem fast unsichtbaren Fuß auf einer fernen Erde. Dann blickte er empor. Sprosse nach Sprosse stieg da auf, durchstieß in einer endlosen Reihe die Wolken und das Blau des Himmels und führte gerade an den Mond hinan. Es war ein Mond, der unter den Sternen lag, ein Mond, unausdenkbar fern, feuchtschimmernd wie eine Scheibe aus Eis, an das Gewölbe der Welt gefroren. August begann zu weinen und zu seufzen. Echogleich, schwach und verhalten zuerst, aber langsam schwellend bis zur Klage des Ozeans, drangen zu ihm die Seufzer der Menge. »Schrecklich«, murmelte er im Traum. »Schrecklicher als Geburt und Tod. Ich bin gefangen im Fegefeuer.« Darüber schwanden August die Sinne, und er fiel hintenüber ins Nichts. Nur so viel kam ihm noch zum Bewußtsein, daß die Erde seinem Körper in riesiger Masse entgegenwuchs. Und das, wußte er, würde das Ende Augusts sein, das wahre Ende, der Tod aller Tode.

Erinnerung streifte ihn, wie Licht aufblitzt
an der Schneide eines Messers. Er hatte nur
mehr eine Sekunde, keine zweite, eine halbe
Sekunde vielleicht, und dann war unwider-
ruflich Schluß. Was störte nun die Tiefe
seiner Seele, woher kam das jähe stählerne
Strahlen? Leuchtete es ihm schon voran in
die dunkle Höhle des Todes und der Vergessenheit? Er dachte mit einer so fiebrigen
Schnelligkeit, daß sich sein ganzes Leben im
Bruchteil einer Sekunde vor ihm versam-
melte. Aber den wichtigsten Augenblick in
diesem Leben, das Kleinod, um das sich alle
anderen, kleineren Steine, Stunden und Tage
ansetzten – dies wiederzuerleben gelang
nicht. Es war das Licht, die Offenbarung
selbst, die unterging. Denn er wußte nun:
es hatte in seinem Leben einen Augenblick
gegeben, in dem sich alles erhellte. Und jetzt,
da es zum Sterben ging, wurde er dieser
höchsten Gabe heimtückisch beraubt. Mit
der Geschicklichkeit eines genialen Geizhal-
ses versuchte er das Unmögliche: er fing das

letzte Glänzen der Sekunde wie einen Spiegel aus Glas und zersplitterte sie in unendlich winzige Teilchen. Nichts in seinem Leben konnte sich mit dem sinnlichen Entzücken vergleichen, das er inmitten dieses zertrümmerten, aufgelösten Bruchteils einer Sekunde schwebend empfand. Inmitten dieser funkelnden Splitter, in einem durchsichtig feinen Netz der Zeit sank er hinab und entdeckte voller Schrecken, daß es die Fähigkeit zur Erinnerung war, die er in sich zerschlagen hatte. Er fiel in die Leere, stürzte in das absolute Nichts, in die Nacht.

Von seinen Träumen sinnlich erschöpft und verwüstet, beschloß August am nächsten Tage, sein Zimmer nicht zu verlassen. Erst gegen Abend zu rührte er sich. Er hatte den ganzen Tag im Bett verbracht, in einem teilnahmslosen Spiel mit den Bruchstücken seiner Erinnerung, die ihn noch wie ein Schwarm von Heuschrecken umschwirrten.

18

Endlich gelang es ihm, diesem weiten, bro-
delnden Kessel zu entrinnen. Er zog sich an
und ging fort, verlor sich müde in der
Menge. Kaum entsann er sich des Namens
der Stadt, durch deren Straßen er strolchte.
An ihrem Rande stieß er auf eine Zirkus-
truppe, eine jener unsteten Banden, die ihr
Leben auf der Achse verbringen. Augusts
Herz begann stürmisch zu pochen. In großer Erregung näherte er sich einem der Wagen und stieg zaghaft die kleinen Stufen an
seiner Rückseite empor. Er wollte an die Tür
klopfen. Da hörte er das Wiehern eines Pferdes und hielt inne. Im selben Augenblick
spürte er die Nüstern des Tieres in seinem
Rücken. Eine tiefe Freude durchschauerte seinen Körper. Die Arme um den Hals des Tieres
geschlungen, sprach er zarte, milde Worte, als
grüße er einen lange verschollenen Freund.
Die Tür des Wagens wurde mit einem plötz-
lichen Ruck geöffnet, und eine helle Frauen-
stimme unterdrückte einen Ausruf der Überraschung.

»Ich bin's nur, August . . .« murmelte er außer Fassung.

»August?« wiederholte die Stimme. »Kenne ich nicht.«

»Entschuldigen Sie!« sagte er leise und schuldbewußt. »Ich gehe auch schon.«

Aber er war noch keine fünf Schritte weit gekommen, als er die Frau rufen hörte.

»He! August! Komm zurück! Warum läufst du weg?«

Er blieb stehen, drehte sich um, zögerte einen Augenblick, dann floß ein Lächeln über sein Gesicht. Die Frau lief mit ausgestreckten Armen auf ihn zu. August erschrak. Für eine kleine Sekunde hatte er das Bedürfnis zu fliehen. Aber es war zu spät. Die Arme der Frau umklammerten ihn bereits und hielten ihn fest.

»August, August!« rief sie immer wieder. »Daß ich dich nicht gleich erkannt habe!«

August erbleichte bei diesen Worten. Zum erstenmal wurde er auf seiner langen, einsamen, ziellosen Wanderung wiedererkannt.

20

Die Frau hielt ihn wie in einem Schraub-
stock fest. Nun küßte sie ihn, erst auf eine
Wange, dann auf die andere, dann auf die
Stirn und schließlich mitten auf den Mund.
August bebte wie ein Blatt im Wind.
»Ich möchte gerne ein Stück Zucker«, bettelte er, als er sich befreien konnte.
»Zucker?«
»Ja, für das Pferd«, sagte August.
Während die Frau in den Wagen zurückkehrte und auf der Suche nach Zucker im
Innern rumorte, setzte sich August bequem
auf den Stufen zurecht. Mit sanfter, zittern-
der Nüster liebkoste das Pferd seinen Nak-
ken. Seltsames Zusammentreffen: gerade in
diesem Augenblick stieg der Mond hinter
den Bäumen am Horizont empor. Eine
wunderbare Ruhe kam über August. Für
einige wenige Sekunden – wenn es Sekunden waren – saß er in einem Halbschlaf der
Dämmerung. Dann kam die Frau zurück.
Ihr weiter Rock wehte über seine Schulter,
als sie leichtfüßig zu Boden sprang.

»Wir glaubten alle, du seist tot«, sagte sie.
Sie setzte sich zu seinen Füßen auf den Rasen.

»Und alle Welt hat dich gesucht«, fügte sie hinzu, während sie ihm Stück für Stück Zucker in die Hand schob.

August lauschte stumm. Die Worte flossen über ihn hin, aber ihren Sinn begriff er nur langsam, so langsam, als kämen die Worte vom fernen Ende der Welt. So oft die Zunge des Pferdes lau und feucht seinen Handballen leckte, durchrann ihn das Entzücken mit köstlichen Schauern. Jetzt erlebte er eindringlich wieder jenen Zustand zwischen Traum und Wachen, den er sonst nur vom Fuße der Leiter her kannte, die Pause zwischen der Entrückung, die ihn kraftlos zurückließ, wenn er ihr langsam entwich, und dem vollen Ausbruch des Beifalls, der in seinen Ohren mählich wie das Rollen eines fernen Donners schwoll.

Keinen einzigen Augenblick lang dachte
August daran, in das Hotel zurückzukeh-
ren und sein Gepäck zu holen. Eingeschlos-
sen in den magischen Kreis der Räder und
Wagen, lag er nahe dem Feuer auf seiner
Decke und verfolgte schlaflos die bleiche
Bahn des Mondes. Als er endlich die Lider
schloß, war sein Entschluß gefaßt: er ging
mit der Truppe. Dieser Leute wußte er sich
sicher: sie würden das Geheimnis seines Namens wahren.
Die Arbeit beim Aufstellen des Zeltes, das
Ausrollen der Teppiche, das Auspacken der
Requisiten, das Tränken und Pflegen der
Pferde, alle die tausend Dinge zu tun, die
man von ihm verlangte – reine Freude war
dies für August. Er vergaß sich in der
Erfüllung der einfachen und harten Forde-
rungen des Tages. Von Zeit zu Zeit gestat-
tete er sich das Vergnügen, einer Aufführ-
ung beizuwohnen. Mit ganz neuen Augen
schätzte er den Mut seiner Reisegenossen
ein. Besonders die Partie des Clowns erregte

23

ihn: diese stumme Schaustellung, beredter nun in ihrer Sprache als früher, als er noch selbst aufgetreten war. Er fühlte sich frei, so frei, wie er sich als Mitspieler nie gefühlt hatte. Oh, es war wundervoll, der Rolle ledig zu sein und völlig einzutauchen in die gestaltlose Gleichförmigkeit des Lebens, ein Staubkorn zu werden unter Millionen und dabei... ja, und dabei immer noch nützlich zu sein und teilzuhaben, inniger vielleicht als jemals zuvor. Welche Verblendung war es gewesen, zu glauben, daß er den Menschen einen großen Dienst erwies, wenn er sie zum Lachen, Schreien und Weinen brachte! Er empfing nicht länger Applaus; vorbei die Stürme des Lachens, die Schmeicheleien! Er empfing Größeres, feinere Nahrung der Seele – Lächeln. Lächeln der Dankbarkeit? Kein Lächeln der Anerkennung! Er wurde wieder als menschliches Wesen aufgenommen, als ein Wesen, das sich wohl von den anderen unterschied, aber dennoch ihrer Gemeinschaft unauflöslich zugehörte.

Das war wie kleine Schlucke eines Labe-
trunks, die man in Notzeiten erhält und die
das Herz köstlicher erfrischen als Fässer
Weins in den Jahren des Überflusses.
Unter der Wärme dieses Lächelns, das er
wie süße Trauben einer reichen Ernte in die
Scheuer fuhr, blühte August Tag für Tag
voller und offener auf. Er fühlte sich mit
einer unversiegbaren Fülle von Güte be-
gabt, und er war begierig, stets ein übriges
zu tun, mehr als man von ihm verlangte.
Man konnte niemals zuviel von ihm for-
dern – so bereit war er nun. Er hatte eine
kleine Redewendung für sich gefunden, die
er leise vor sich hinmurmelte, wenn er an
die Arbeit ging: »A votre service!« Vor den
Tieren schämte er sich nicht, ganz laut zu
sprechen; ihnen brauchte nichts verheim-
licht zu werden. »A votre service«, sagte
er zur Stute und hängte ihr den Hafersack
über den Kopf. Und so zu den Robben,
wenn er ihnen die schimmernden Rücken
klopfte. Manchmal, wenn er aus dem Zelt

hinaustrat in die sternenflimmernde Nacht, hob er die Augen, so als wolle er den Schleier durchbrechen, der unsere Augen vor dem Universum in seiner ganzen Herrlichkeit beschützt, und flüsterte sanft und verehrungsvoll: »A votre service, Grand Seigneur!« Niemals hatte August einen ähnlichen Frieden gekannt, eine ähnliche Befriedigung, eine so tiefe und dauernde Freude. An den Zahltagen trug er seinen mageren Lohn in die Stadt, wanderte von Bude zu Bude, auf der Suche nach Geschenken für die Kinder — und für die Tiere! Ihm selbst genügte eine Fingerspitze voll Tabak.

Aber eines Tages erkrankte der Clown. August saß gerade vor einem Wohnwagen und flickte eine alte Hose, als er die Neuigkeit erfuhr. Er murmelte einige Worte des Mitgefühls und setzte seine Arbeit fort. Dennoch hatte er sogleich begriffen, was diese Nachricht für ihn bedeutete: man

würde ihn auffordern, Antoine zu ersetzen,
darüber konnte kein Zweifel bestehen. Er
mühte sich, die aufsteigende Erregung zu
unterdrücken, und versuchte, ruhig und
nüchtern über die Antwort nachzudenken,
die er geben mußte, wenn die Zeit gekommen war.
Lange wartete er so, aber niemand fragte.
Er allein war fähig, Antoines Stelle einzunehmen, dessen war er gewiß. Was hielt sie
zurück? Auch als er sich erhob und zwischen
den Wagen umherstrich, um sie nachdrück-
licher auf seine Anwesenheit aufmerksam
zu machen, um ihnen Gelegenheit zur Frage zu geben, wann und wo immer sie es
wünschten, machte niemand Anstalten, mit
ihm ins Gespräch zu kommen.
Zuletzt entschloß er sich, das Eis selbst zu
brechen. Nach alldem, warum nicht? Warum
sollte er seine Dienste nicht anbieten? Er
fühlte sich stark und voll guten Willens gegen jedermann. Wieder Clown zu sein, war
ein Geringes für ihn, ein Nichts. Ebensowohl

27

konnte er einen Tisch vorstellen, einen Stuhl, die Leiter, ganz nach Bedarf. Er verlangte keinerlei besondere Vorrechte für sich, er war einer der ihren, er teilte ihre Sorgen und ihr Leid.

»Hören Sie zu«, sagte er zum Boss, als er ihn endlich erwischte. »Ich bin bereit, heute nacht an Antoines Stelle zu treten. Das gilt natürlich nur«, fügte er hinzu und zögerte einen Augenblick, »wenn Sie nichts Besseres in Aussicht haben.«

»Nein, August, Sie sind der einzige, das wissen Sie genau. Es ist sehr freundlich von Ihnen . . .«

»Aber?« fragte August knapp und mißtrauisch. »Glauben Sie vielleicht, ich könnte den Clown nicht mehr spielen?«

»Aber nein, nicht das, nicht das! Es ist ja eine große Ehre für uns . . .«

»Also was dann?« forschte August, fast zitternd vor Eifer und Ungeduld, denn er verstand jetzt, daß es eine Frage des Taktes war.

28

»Die Sache ist die«, sagte der Boss in seiner langsamen Weise. »Sehen Sie, wir haben alles unter uns besprochen. Wir wissen, wie es um Sie steht. Nun ja, wenn Sie an Stelle von Antoine einspringen würden . . . Verflucht noch einmal, was rede ich! Stehen Sie nicht herum und schauen Sie mich nicht so an! Hören Sie zu, August, was ich sagen möchte . . . Tja, das ist – wir möchten keine alten Wunden aufreißen. Verstehen Sie mich?«

August fühlte, wie ihm die Tränen in die Augen stiegen. Er nahm die beiden großen Hände des anderen, hielt sie behutsam in den seinen und floß, ohne ein Wort zu sprechen, über vor Dank.

»Lassen Sie mich heute auftreten«, bettelte er. »Ich bin der Ihre, so lange Sie wollen – eine Woche, einen Monat, sechs Monate. Es würde mir Spaß machen. Das ist die Wahrheit. Sie werden nicht nein sagen? . . .«

29

Einige Stunden später saß August vor dem Spiegel und studierte sein Gesicht. Es war eine Gewohnheit von früher her, vor dem Schminken lange auf sein Widerbild zu starren. So bereitete er sich für den Auftritt vor. Er betrachtete seine triste Erscheinung und begann dann plötzlich dieses Gesicht fortzuwischen, ein neues überzustreichen, eines, das alle Welt kannte. Das Gesicht Augusts! Den wahren August kannte freilich niemand, nicht einmal seine Freunde, denn der Ruhm hatte ihn zum Einsiedler gemacht.

Wie er so saß, überwältigt von der Erinnerung an tausend ähnliche Nächte vor dem Spiegel, fing er an zu begreifen, daß jenes abseitige Leben, das er eifersüchtig als sein alleiniges Eigentum bewacht hatte, diese heimliche Existenz, die scheinbar den innersten Kern seines Wesens bewahrte, letzten Endes kein Leben war, daß sie ein Nichts war, nicht einmal der Schatten eines Lebens. Zu leben begonnen hatte er erst an jenem

Tage, an dem er sich der Truppe anschloß, in dem Augenblick, als er zu dienen begann als der Letzte und Einfachste unter ihnen. Jenes heimliche Leben hatte sich verflüchtigt, fast ohne daß er es merkte; er war wieder ein Mensch geworden wie andere, mit allen Narrheiten, Tändeleien und Bedürfnissen den anderen gleich – und er war glücklich geworden auf diese Weise, seine Tage waren erfüllt. An diesem Abend würde er nun nicht als August erscheinen, nicht als der weltberühmte Clown, sondern als Antoine, von dem niemand wußte. Weil ihm weder Name noch Ruf vorausgingen, nahmen sie Antoine jeden Abend als Selbstverständlichkeit hin. Kein donnernder Applaus begleitete seinen Abgang aus dem Ring der Manege: die Menschen lächelten nachsichtig, und ihre Bewunderung unterschied sich nicht von jener anderen, die sie den überraschenden Kunststücken der Robben entgegenbrachten.

Plötzlich erschütterte Unsicherheit seine

Träume. Bisher hatte er dieses heimliche, erfüllte Leben vor der Öffentlichkeit geschützt. Wenn man ihn nun an diesem Abend als August, den Clown August wiedererkannte – welches Unglück! Nie wieder würde er Frieden finden, man würde ihn verfolgen von Stadt zu Stadt, ihn zu Erklärungen zwingen und darauf bestehen, daß er seinen Platz wieder einnehme in der Welt der großen Stars. Unklar fühlte er, daß man ihn sogar des Mordes an August bezichtigen konnte. August war ein Begriff, ein Idol; er gehörte der Welt. Es ließ sich nicht absehen, womit man ihn noch plagen würde ...

Man klopfte an die Tür. Einer von der Truppe trat ein, lediglich um nachzusehen, ob alles in Ordnung gehe. Nach einigen beiläufigen Worten erkundigte sich August nach Antoines Befinden.

»Ich hoffe, er fühlt sich besser«, sagte er.

»Nein«, erwiderte der andere ernst. »Sein Zustand verschlimmert sich, scheint's. Nie-

mand weiß genau, was ihm fehlt. Vielleicht
sprechen Sie ein Wort mit ihm, bevor Sie
auftreten, ja?«

»Aber gewiß!« sagte August. «Ich bin in
fünf Minuten fertig.« Und er verstrich den
Rest der Schminke in sein Gesicht.

Das Fieber schüttelte Antoine, als August
bei ihm eintrat. Er beugte sich über den
Kranken und strich über seine feuchte
Hand.

»Armer Alter«, murmelte er, »was kann
ich für dich tun?«

Antoine hob die Augen und blickte ihn
minutenlang mit dem Ausdruck eines Menschen an, der sich selbst im Spiegel sieht.
Langsam begriff August, was in ihm vor-
ging.

»Ich bin's, August«, sagte er sanft.

»Ich weiß«, sagte Antoine. »Du bist's . . .
aber ich könnte's auch sein. Keiner merkt
den Unterschied. Und du bist ein Großer,
und ich war irgendwer.«

»Vor wenigen Augenblicken habe ich das-

33

selbe gedacht«, sagte August mit einem auf-
merksamen Lächeln. »Merkwürdig – nicht?
Ein bißchen Schmiere ins Gesicht, eine Blase,
ein Lumpengewand – wie wenig man doch
braucht, um nichts aus sich zu machen. Das
sind wir alle einmal gewesen – nichts. Und
jedermann zur gleichen Zeit. Sie applaudieren nicht uns, sie applaudieren sich selbst.
Mein lieber Alter, ich muß gleich gehen, aber
laß dir zuerst noch sagen, was ich neulich
dazugelernt habe . . . Du selbst zu sein, nur
du selbst, ist eine große Sache. Aber wie
macht man das, wie bringt man das fertig?
Das ist der schwerste Trick von allen! Das
Schwerste, weil es keinerlei Anstrengung
von uns verlangt. Du versuchst weder dies
zu sein noch das, weder groß noch klein,
nicht tüchtig und nicht ungeschickt . . .
Kannst du mir folgen? Du tust, was dir
gerade einfällt. Aber mit Anstand, bien
entendu! Denn nichts ist unwichtig. Nichts!
Statt Gelächter und Applaus empfängst du
Lächeln. Ein kleines, zufriedenes Lächeln –

34

das ist alles. Aber es ist auch wirklich alles...
mehr als du verlangen kannst. Du verrich-
test die Dreckarbeit und nimmst sie den
anderen von der Schulter. Das macht sie
glücklich, aber dich selbst noch viel mehr.
Begreifst du? Aber du mußt es ganz unauf-
fällig tun, du darfst sie nicht wissen lassen,
welches Vergnügen es dir bereitet. Wenn
man dich einmal ertappt, wenn sie dein Geheimnis durchschauen, bist du verloren. Sie
werden dich selbstsüchtig nennen, gleichviel
was immer du für sie getan hast. Du kannst
tun, was du willst – buchstäblich Selbstmord
begehen auf offener Szene, solange sie dich
nicht verdächtigen, daß du dich auf ihre
Kosten bereicherst, indem sie dir eine Freude bereiten, die du dir selbst nicht geben
könntest. Nun gut! Entschuldige mich, Antoine, ich wollte keine lange Rede halten. In
irgendeiner Weise bist du's, der mir heute ein
Geschenk macht. Heute kann ich August sein,
indem ich Antoine spiele. Das ist noch besser,
als wirklich Antoine zu sein, compris?«

August hielt inne; mit diesem letzten Gedanken hatte ihn eine große Idee gestreift. Sie eignete sich nicht zur sofortigen Mitteilung an Antoine. Sie umschloß ein Risiko, ein Element der Gefahr. Aber er wollte nicht daran denken, er mußte sich jetzt beeilen, die Sache auszuarbeiten ... diese Nacht noch, möglicherweise.

»Hör zu, Antoine«, sagte er fast schroff, während er sich zum Gehen wandte. »Ich werde dich heute nacht vertreten und vielleicht auch morgen nacht, aber dann ist es besser, wenn du dich selber rührst. Ich bin nicht begierig darauf, wieder Clown zu werden, verstehst du? Morgen früh will ich dich besuchen. Dann werde ich dir mehr sagen – und es wird dich erfrischen!«

Er machte eine Pause und räusperte sich.

»Du wolltest immer eine große, feine Nummer sein, nicht wahr? Erinnere dich! In mir wächst ein Gedanke: er ist zu deinem Nutzen. Soviel für heute! Schlaf gut!«

Er puffte Antoine in die Schulter, als wollte

er ihn zur Gesundheit hinstoßen. An der
Tür fing er noch den schwachen Schimmer
eines Lächelns auf, das über Antoines Gesicht huschte. Er stahl sich auf den Zehen-
spitzen davon.

Mit langen Schritten strebte er dem Zelt zu
und summte ein Lied vor sich hin. Die Idee,
die ihm vor wenigen Augenblicken zuge-
fallen war, gewann Gestalt. Kaum daß er
seine Nummer erwarten konnte, so sehr
verlangte es ihn, mit seinem Plan ans Ziel
zu kommen. »Diesen Abend«, sagte er zu
sich selbst, als er sich fertig machte, »werde
ich eine Vorstellung geben, wie sie noch niemand gesehen hat. Wartet nur, meine Lie-
ben, wartet, bis sich August ins Zeug legt.«
Er steigerte sich in solche Raserei und Ungeduld, daß er wie eine närrische Ziege
umhersprang, als er, begleitet vom dünnen
Quäken der Violine, in das Scheinwerferlicht taumelte. Sobald er die Sägespäne
unter seinen Füßen spürte, wurde sein Spiel
reine Improvisation. Nicht einer dieser

37

wilden, sinnlosen Luftsprünge war von ihm
vorgesehen, geschweige denn eingeübt worden. Er hatte sich selbst von der Tafel ge-
wischt und schrieb darauf den Namen Antoines in unauslöschlichen Lettern. Wenn
Antoine nur selbst hier gewesen wäre, um
seine Geburt als Weltstar mitzuerleben!
In wenigen Augenblicken vergewisserte sich
August, daß er sein Publikum gepackt hatte
und in der Hand hielt. Dabei war er noch
reichlich steif, noch nicht gelockert.
»Wartet, wartet!« muffelte er zwischen den
Zähnen, während er sich von einer Seite auf
die andere warf. »Das ist noch gar nichts,
das ist nur der Anfang von Antoines Geburt. Er hat eben erst begonnen, die Füß-
chen zu regen.«
Nach diesem einleitenden Sketch sah er
sich von einer Gruppe begeisterter Leute
umringt. Unter ihnen war der Boss.
»Sind Sie toll geworden, August?« waren
seine ersten Worte. »Wollen Sie Antoine
ruinieren?«

»Nur keine Angst!« beruhigte ihn August,
und die Freude schoß ihm warm ins Gesicht.
»Ihr werdet sehen, ich *mache* Antoine. Nur
Geduld! Ich versichere euch, alles wird
gut.«
»Aber es ist schon zu gut, das ist es ja ge-
rade! Nach einer solchen Vorstellung ist
Antoine erledigt.«
Den Streit auszutragen, blieb keine Zeit.
Die Manege mußte für die Trapezkünstler
freigemacht werden. Die Truppe war klein:
jeder mußte Hand anlegen.
Vor dem nächsten Auftritt des Clowns gab
es langen Applaus, der sich zu Zurufen steigerte, als August seinen Kopf zwischen den
Vorhängen zeigte.
»Antoine, Antoine!« schrien sie, stampften
mit den Füßen, pfiffen und klatschten vor
Freude in die Hände. »Antoine soll kommen! Wir rufen Antoine!«
Antoine pflegte bei diesem Auftritt eine
kleine Solonummer zu zeigen, einen abge-
droschenen Sketch, aus dem schon vor Jah-

39

ren der letzte Hauch schöpferischen Atems
entschwunden war. Abend für Abend hatte
August diese Szene mitangesehen und über-
legt, wie er an Antoines Stelle die Tricks
ändern und ansetzen würde. Nun war der
Augenblick gekommen, die Gags auszuspie-
len, die er sooft bis in den Schlaf hinein
spielerisch in Gedanken geübt. Er hatte die
starke Empfindung, nun einem Meister zu
gleichen, der das Werk eines nachlässigen
Schülers vollendet, die letzten Glanzlichter
aufsetzt. Vom Gegenstand der Darstellung
abgesehen, blieb nichts vom Original erhalten. Man änderte ein Winziges hier, ein
Winziges dort, und am Ende stand das
neue Werk.
August ging mit dem Eifer eines Irren an
die Arbeit. Hier war nichts zu verlieren. Im
Gegenteil: alles war zu gewinnen. Jeder
Dreh und Kniff bedeutete neues Leben für
Antoine. Während er die Nummer Akt für
Akt durchfeilte und vollendete, notierte er
im Gedächtnis für Antoine die Tricks, mit

denen er die Wirkungen hervorbrachte. Jeden seiner Sprünge durchlebte und durchdachte er dreifach: als der Meisterclown August, August als Antoine und Antoine als August. Und über diesen dreien schwebte als Wesen, das sich mit der Zeit als lebendig erweisen sollte, Antoine als Antoine. Ein neugeborener Antoine, gewiß, ein Antoine *in excelsis.* Je mehr er über diesen Antoine nachdachte (und es war erstaunlich, wie klar er sich selbst in dieser Verwandlung beobachten konnte), desto mehr Aufmerksamkeit schenkte er den vermutlichen Grenzen und Fähigkeiten des neugeschaffenen Wesens. Es war Antoine, an den er fortwährend dachte, nicht August. August war tot. Er empfand nicht den leisesten Wunsch, diesen August als weltberühmten Clown Antoine wiederauferstehen zu sehen. Sein einziges Bemühen war, Antoine so berühmt zu machen, daß nie wieder die Rede von August sein würde.

Am nächsten Morgen waren die Zeitungen

voll des Lobes für Antoine. August hatte, und das verstand sich von selbst, dem Boss noch am selben Abend von seinem Plan Mitteilung gemacht. Es war vereinbart, daß alle Vorkehrungen getroffen wurden, das Geheimnis zu wahren. Da niemand, außer den Mitgliedern der Truppe, von Antoines Krankheit wußte und Antoine selbst die glorreiche Zukunft, die man ihm zu bereiten gedachte, nicht einmal ahnte, waren die Aussichten ermutigend.

August konnte, wie sich denken läßt, den versprochenen Besuch bei Antoine kaum erwarten. Er war entschlossen, ihn nicht sofort mit den Zeitungsberichten zu überfallen, er wollte ihm lediglich zu wissen geben, was er in den wenigen Tagen von Antoines Unpäßlichkeit zu erreichen hoffte. Zuerst mußte Antoine gewonnen werden; dann erst durfte man den Kranken mit dem vollen Ausmaß des Erfolges bekanntmachen. Sonst lief man Gefahr, Antoine mit der fertigen Tatsache einzuschüchtern. All dies wiederholte sich August, Punkt für Punkt, ehe er den Weg zu Antoines Wohnwagen einschlug. Nicht eine Sekunde lang überlegte er, daß sein Vorschlag die Möglichkeiten Antoines übersteigen könnte. Er bezwang sich und wartete den Mittag heran, in der Hoffnung, dann Antoine in der rechten Stimmung zu finden. Als er sich auf den Weg machte, war Jubel in ihm. Antoine würde sich überzeugen lassen, daß er eine rechtmäßige Erbschaft antrat.

»Nach allem«, sagte er zu sich selbst, »ist es nur ein kleiner Stoß, den ich ihm gebe. Das Leben ist voll kleiner Schwindeleien, man muß sie sich zunutze machen. Keiner schafft es allein, ohne Hilfe.«

Mit diesem Zuspruch ging er los.

»Es ist weder Betrug noch Diebstahl an Antoine«, folgerte er. »Er hat sich immer gewünscht, berühmt zu sein, jetzt *ist* er berühmt! Oder er wird es spätestens in einer Woche. Antoine wird Antoine sein ... und noch mehr. Ein kleiner Zufall zur rechten

43

Zeit ist alles, was man braucht, ein kleiner Dreh des Schicksals, ein Anstoß von irgendwo, und die Sache ist gemacht. – Du stolperst ins Scheinwerferlicht. Mit allen vieren zugleich.«

Er dachte an seinen eigenen schnellen Aufstieg zum Ruhm. Was hatte er, August, damit zu tun? Was man Genieblitz nannte, es war reiner Zufall gewesen. Wie wenig verstand das Publikum! Wieviel begriff es von den Winkelzügen des Schicksals! Ein Clown ist ein Bauer auf dem Schachbrett des Schicksals.

Das Leben in der Arena war ein stummes Schauspiel, eine Pantomime mit Stürzen, Ohrfeigen, Fußtritten – ein endloses Stoßen und Auffangen von Stößen, Treten und Getretenwerden. Und bei dieser schmachvollen und erniedrigenden Rigolade gewann man die Gunst des Publikums. »Der beliebte Clown!« Seine besondere Aufgabe war, die Irrtümer und Sinnlosigkeiten, allen Wahnsinn und alle Mißverständnisse, die

wie Seuchen die Menschheit quälen, wiederzuerwecken und darzustellen. Die Albern-
heit selbst, Gestalt geworden in der Manege,
das begriff auch der dümmste Einfaltspin-
sel. Nichts zu verstehen, wo alles klar am
Tage liegt, den Trick nicht zu erfassen,
wenn er auch tausendmal vorgespielt wird,
wie ein Blinder zu tappen, wo die Richtung
überall deutlich angezeigt ist, immerfort an
der Tür zu rütteln, obwohl mit großen Lettern darauf geschrieben steht: »Gefahr«,
mit dem Kopf voran in den Spiegel zu lau-
fen, statt ihn zu umgehen, von der falschen
Seite in das Gewehr zu schauen – ein gelade-
nes Gewehr – niemals würde das Publikum
aufhören, an diesen Sinnlosigkeiten seinen
Gefallen zu finden, denn seit Jahrtausenden
täuschten sich die Menschen über den richti-
gen Weg, endete ihr Suchen und Fragen in
derselben Sackgasse. Dem Meister der Albern-
heit stand die Zeit in ihrer Gänze als Reper-
toire zur Verfügung. Er streckte die Waffen
nur vor dem Antlitz der Ewigkeit...

Mitten in diesen fremdartigen Gedanken
stieß er auf Antoines Wohnwagen. Er
stutzte, ohne zu wissen warum. Der Boss
kam ihm entgegen; er kam offensichtlich
geradenwegs von Antoines Krankenbett.
Sein Erstaunen wuchs, als ihm der Boss mit
erhobener Hand bedeutete, er möge stehen-
bleiben, wo er war. Der Ausdruck seines
Gesichts erweckte in August ein Gefühl des
Unbehagens, des Alarms. Er verharrte un-
terwürfig und wartete, daß der andere zu
sprechen begänne.

Wenige Schritte vor August hob der Mann
beide Arme mit einer Geste der Verzweiflung und Resignation. August brauchte kein
Wort mehr zu hören, um zu wissen, was ihm
bevorstand.

»Aber wann ist es geschehen?« fragte er,
nachdem sie einige Schritte Seite an Seite
gegangen waren.

»Vor ein paar Minuten. Ganz plötzlich. In
meinen Armen.«

»Ich verstehe nicht«, murmelte August.

»Was *war* es, das ihn tötete? Er war nicht so schlecht beisammen vergangene Nacht, als ich mit ihm sprach.«

»Das ist es ja gerade«, sagte der andere.

Etwas in seiner Stimme ließ August zurückzucken.

»Wollen Sie damit sagen...«

Er brach ab. Es war zu unerhört, er wies den Gedanken von sich. Aber im nächsten Augenblick sprach er schon wieder davon.

»Wollen Sie sagen«, seine Stimme zitterte von neuem, »daß er davon wußte...?«

»Eben das.«

Wiederum zuckte August zusammen.

»Wenn ich ganz offen meine Meinung sagen soll«, fuhr der Boss in seiner rauhen Art fort, »würde ich sagen, daß er an gebrochenem Herzen gestorben ist.«

Über diesen Worten hielten beide jäh den Schritt an.

»Hören Sie!« sagte der Boss. »Es ist nicht Ihre Schuld. Nehmen Sie sich's nicht so zu Herzen. Ich weiß, wir alle wissen, daß Sie

47

unschuldig sind. Tatsache ist: Antoine wäre
nie ein großer Clown geworden. Er hat es
schon vor langer Zeit aufgegeben.«

Der Boss murmelte einige unverständliche
Worte und seufzte.

»Die Frage ist: Wie werden wir den Leuten
diese Vorstellung erklären! Es wird schwer-
fallen, ihnen die Wahrheit zu verbergen,
nunmehr, Sie verstehen . . . Nicht wahr?
Wir haben in keiner Weise mit seinem plötz-
lichen Tod gerechnet . . .«

Eine Pause entstand, dann sagte August leise:
»Es wird gut sein, wenn ich eine Weile mit
mir selbst allein bleibe, glauben Sie nicht?«

»Recht so!« bekräftigte der Boss. »Beden-
ken Sie alles in Ruhe. Es ist noch Zeit . . .«
Er fügte nicht hinzu wofür.

Traurig und verstört wanderte August fort
in der Richtung zur Stadt. Eine lange Weile
bildete sich kein einziger Gedanke in seinem
Gehirn, nur dumpfe, träge Pein durchdrang
alle Glieder seines Körpers. Schließlich fand
er einen abgesonderten Platz an der Rampe

einer Kaffeehaus-Terrasse, setzte sich und
bestellte zu trinken. Nein, mit dieser Mög-
lichkeit hatte er gewiß nicht gerechnet. Das
Schicksal hatte noch einmal zugeschlagen.
Eines war klar – entweder er mußte wieder
August werden oder Antoine. Er konnte
nicht länger namenlos bleiben. Er mühte
sich, an Antoine zu denken; an jenen Antoine, den er in der vorangegangenen Nacht
geschaffen hatte. Würde er fähig sein, ihn
wiederzuerwecken an diesem Abend, mit
demselben Feuer, derselben Freude an seiner
Schöpfung? Jenen anderen Antoine, der
kalt und tot im Wagen lag, vergaß er ganz
dabei. Ohne sich davon Rechnung abzule-
gen, war er nicht nur in seine Fußtapfen
getreten, sondern hatte selbst seine Schuhe
angezogen. Er wiederholte die Szene, zer-
legte sie, spaltete sie in Stücke, besserte sie
mit einigen Flicken aus, vervollkommnete sie
hier und dort . . . geriet vom Hundertsten
ins Tausendste, von einer Wendung zur anderen, von einer Nacht zur anderen, von

49

Stadt zu Stadt. Und dann kam er plötzlich wieder zu sich. Mit einem Ruck setzte er sich auf seinem Sitz gerade zurecht, begann ernstlich mit sich zu reden.

»Du willst also wieder Clown werden, ist es so? Hast davon noch nicht genug gehabt, he? August hast du ausgetilgt, Antoine ermordet ... was weiter? Vor zwei Tagen noch warst du ein glücklicher Mann, ein freier Mann. Nun hängst du in der eigenen Schlinge, ein Mörder obendrein. Und du glaubst allen Ernstes – oder etwa nicht? –, daß du mit deinem schlechten Gewissen die Leute noch zum Lachen bringen wirst? Das geht wohl ein bißchen zu weit!«

August schlug mit der Faust auf die Marmorplatte des Tisches, als wolle er sich selbst von der Ernsthaftigkeit seiner Worte überzeugen.

»Eine große Vorstellung letzte Nacht! Und warum? Weil niemand in dem Mann, der sie großmachte, August vermutet hat. Es war das Talent, das Genie, dem sie applau-

dierten. Keiner hatte eine Ahnung. Sie sahen die Vollkommenheit. Es war ein voller Triumph. Quod erat demonstrandum!«
Noch einmal fiel er sich selbst in die Zügel wie einem Pferd.
»Quod erat demonstrandum? Was wolltest du sagen? Ach ja... August war also begierig, Antoines Platz einzunehmen. Keinen Pfifferling kümmerte er sich darum, ob Antoine dabei groß wurde oder nicht. Ja oder nein? Er wollte nur Gewißheit erlangen, daß sein Ruf nicht unbegründet war. Wie ein Fisch schnappte er nach dem Köder.«
Bah! August spuckte vor Abscheu aus. Seine Kehle war vor Erregung ausgedorrt. Er klatschte in die Hände und bestellte ein neues Glas.
»Mein Gott«, nahm er das Selbstgespräch wieder auf, nachdem er seinen Gaumen angefeuchtet hatte, »ist es vorstellbar, daß sich ein Mann selbst solche Schlingen legt! Heute glücklich, morgen bis zum Kragen im Sumpf. Was für ein Narr! Was bin ich für

ein Narr!« Einen Augenblick lang ver-
mochte er ganz nüchtern zu denken.

»Gut! Eines versteh ich nun – mein Glück
war wirklich, aber ohne Grundlage. Ich
muß es wiedergewinnen, aber diesmal auf
redliche Art. Und ich muß es mit beiden
Händen festhalten wie ein kostbares Kleinod. Ich muß lernen, als August glücklich zu
sein, als der Clown, der ich bin.«
Er trank einen Schluck Wein und schüttelte
sich dann wie ein nasser Hund.

»Möglicherweise ist dies die letzte Gelegenheit, die sich bietet. Ich steige noch einmal
aus dem Nichts empor.«
Über das fing er an, sich einen neuen Namen
auszudenken. Dieses Spiel führte ihn weit
fort.

»Gewiß«, sagte er und vergaß den Namen
schon wieder, den er eben für sich bestimmt
hatte, »ich werde eine neue Nummer ausbau-
en, eine völlig neue Sache. Wenn es mich auch
nicht glücklich macht, wird es mich doch
frisch erhalten. Vielleicht Südamerika . . .«

Sein Entschluß zum Neubeginn war so
stark, daß er beinahe im Galopp zum Rum-
melplatz zurückkehrte. Sofort begab er sich
auf die Suche nach dem Boss. »Es ist beschlos-
sen«, rief er atemlos. »Ich gehe fort, weit fort,
dorthin, wo mich niemand kennt. Ich werde
noch einmal ganz von vorne beginnen.«
»Aber warum?« schrie der dicke Mann.
»Warum wollen Sie von vorne beginnen,
wenn Sie's hier schon zu großem Ansehen
gebracht haben?«
»Sie werden es nicht verstehen, aber ich will
es Ihnen trotzdem sagen. *Weil ich glücklich
sein möchte diesmal.*«
»*Glücklich?* Ich verstehe nichts. Warum
glücklich?«
»Weil es gewöhnlich für einen Clown das
Glück ist, ein anderer zu sein als er selbst.«
»Ich verstehe kein Wort . . . Hören Sie zu,
August . . .«
»Einen Augenblick«, bat August hände-
ringend. »Was macht die Leute lachen und
schreien, wenn sie uns sehen?«

»Lieber, alter Junge! Was hat das alles miteinander zu tun? Das sind Haarspaltereien. Laß uns vernünftig reden. Kehren wir auf den Boden der Wirklichkeit zurück.«

»Aber das zu tun, bin ich eben dabei«, erklärte August feierlich. »Wirklichkeit! Das ist das rechte Wort dafür. Nun weiß ich, wer ich bin, was ich bin und was ich tun muß. *Das ist die Wirklichkeit.* Was Sie Wirklichkeit nennen, ist Sägemehl, es bröckelt weg, schlüpft durch die Finger.«

»Mein lieber August«, begann der Boss wieder, als spreche er zu einem Verlorenen, »Sie haben zuviel nachgedacht. Keine voreiligen Entscheidungen. Kommen Sie . . .«

»Nein«, sagte August fest. »Ich brauche keinen Trost, keinen Ratschlag. Mein Entschluß ist gefaßt.« Er hob die Hand zum Abschied.

»Wie Sie glauben«, sagte der Boss und zuckte die Schultern. »Also – leben Sie wohl! So meinten Sie's doch?«

Noch einmal machte er sich auf den Weg in

die Welt, entschlossen, diesmal ganz in ihr aufzugehen. Als er sich der Stadt näherte, fiel ihm ein, daß er nur wenige Sous in der Tasche hatte. In wenigen Stunden würde er hungern, die Kälte würde kommen, und er würde sich wie die Tiere des Feldes zusammenrollen und liegen und die ersten Sonnenstrahlen erwarten. Warum hatte er sich entschlossen, Straße für Straße bis zu ihrem Ende zu trampen? Er wußte es nicht. Hätte er nicht ebensogut seine Kräfte sparen können?

»Und wenn ich eines Tages wirklich nach Südamerika aufbreche?«

Er hatte wieder laut mit sich selbst zu sprechen begonnen.

»Es kann Jahre dauern. Und welche Sprache soll ich dort sprechen? Und warum sollten sie mich nehmen, mich, einen Fremden und Unbekannten? Wer weiß, ob sie überhaupt einen Zirkus haben da unten? Und wenn, werden sie ihre eigenen Clowns haben – in ihrer Sprache.« In einem kleinen

Park angekommen, setzte er sich auf eine Bank.

»Das muß noch genauer bedacht werden«, warnte er sich selbst. »Man geht nicht so einfach nach Südamerika. Ich bin kein Albatros, bei Gott! Ich bin August, ein Mann mit zarten Füßen und einem Magen, der gefüllt sein möchte.«

Eine nach der anderen begann er die menschlichen Eigentümlichkeiten aufzuzählen, die ihn, August, von den Vögeln der Luft und den Tieren des Abgrunds sonderten. Dieses Nachsinnen endete schließlich in einer langen Betrachtung über jene beiden Eigentümlichkeiten, die am deutlichsten die Welt des Menschen vom Bereich des Tierischen scheiden – Lachen und Weinen. Seltsam, dachte er bei sich selbst, daß er, der doch in diesem Gebiet beheimatet war, darüber Spekulationen anstellte wie ein Schulbub.

»Aber ich bin kein Albatros!« Dieser Gedanke – zugegeben, nicht gerade der glänzendsten einer – kam immer wieder, wäh-

rend er die Fragen nach vorwärts und rück-
wärts wälzte.

Aber wenn sie auch weder originell noch
glänzend war, so war sie doch bequem und
beruhigend, diese Idee, daß er sich auch
während des ärgsten Saltos seiner Einbil-
dungskraft nie für einen Albatros halten
würde.

Südamerika – was für ein Unsinn! Fraglich war nicht die Richtung, in die er aufbre-
chen – und wie er dorthin gelangen sollte,
fraglich war . . . Er versuchte, es sich selbst
in sehr, sehr einfachen Worten zu erklären.
War es nicht vielleicht so, daß er sich sehr
wohl befand, so wie er war . . . ohne sich zu
verkleinern, ohne sich zu vergrößern? Er
hatte seine eigenen Grenzen überschritten,
das war sein Irrtum gewesen. Das Lachen
der Menschen genügte ihm nicht, er wollte
ihnen die Freude schenken. Freude ist eine
Gabe Gottes. Hatte er dies nicht erkannt in
der Zeit seines Verzichts – als er annahm,
was ihm geboten wurde?

August fühlte, daß er mit seinen Überlegungen ins Ungewisse geriet. Seine wahre Tragödie, merkte er nun, lag darin, daß er unfähig war, seine Kenntnisse einer anderen Welt, einer Welt jenseits Unwissenheit und Vergänglichkeit, jenseits von Lachen und Weinen, den anderen mitzuteilen. Diese Grenze war es, die den Clown aus ihm machte – Gottes eigenen Clown, denn auf Erden war niemand, dem er diesen Zwiespalt begreiflich machen konnte.

Und in diesem Augenblick überkam es ihn plötzlich – ganz einfach ging das alles! –, daß niemand zu sein, oder jemand oder jedermann zu sein, ihn keineswegs daran hinderte, er selbst zu sein . . .

Wenn er schon ein Clown war, dann ganz und gar, durch und durch, von Grund auf – vom morgendlichen Erwachen bis zum Zurücksinken in den Schlaf. Clown zu jeder Zeit, für Lohn oder aus reiner Freude am Dasein. So sehr, so unwandelbar war er von der Weisheit dieses Gedankens überzeugt, daß es ihn gelüstete, ohne Verzug zu beginnen – ohne Schminke, ohne Kostüm, ja selbst ohne die Begleitung jener alten, quäkenden Violine. So ausschließlich würde er August sein, daß nichts übrigblieb als die Wahrheit, die nun in ihm wie Feuer brannte.

Einmal noch schloß er die Augen, um hinabzusteigen in die Dunkelheiten. Lange blieb er so, ruhig und friedevoll ging der Atem durch seine Brust, durch die Lagerstatt seiner Seele. Als er die Augen wieder öffnete, sah er eine Welt, von der alle Schleier abgefallen waren. Es war die Welt, die er immer in seinem Herzen getragen hatte, immer bereit, Gestalt zu werden, die aber erst zu leben beginnen konnte, wenn man sich mit ihr vereinigte, wenn ihr Puls gleich wurde dem Schlagen des eigenen Herzens.

August war so gerührt, daß er seinen Augen nicht traute. Er rieb sie mit dem Handrükken, nur um sich zu überzeugen, daß sie noch

feucht waren von den Tränen der reinen
Freude, die er vergossen hatte, ohne es zu
wissen. Kerzengerade saß er auf der Bank
und seine Augen starrten in die Ferne. Sie
mußten erst an das Licht der Vision gewöhnt
werden. Aus der Tiefe seiner Seele stiegen,
unablässiges Gemurmel, Worte des Dankes.
Er stand auf, gerade als die Sonne seine
Bank mit einer letzten rötlichen Flut von
Gold überschwemmte. Eine Woge von Kraft
und Sehnsucht schwoll in seinen Adern. Wie
ein Neugeborener wagte er einige Schritte
in das unbeschreibbare Licht. Ein Vogel, der
zum erstenmal seine Flügel spannt, so brei-
tete er seine Arme aus zu einer allumfassen-
den Umarmung.

Nun schwand die Erde hin in jenes tiefe
Violett, das die Dämmerung verkündet.
August taumelte vor Entzücken.

»Endlich! Endlich!« jubelte er, aber in Wirklichkeit war dieser Jubel nur ein schwacher
Widerhall der unermeßlichen Freude, die
ihn bewegte.

Ein Mann kam auf ihn zu. Ein Mann in Uniform, mit einem Knüppel bewaffnet. August erschien er als Engel der Erlösung. Er lief ihm entgegen, um sich in die Arme des Erlösers zu retten, da fiel eine Wolke von Dunkelheit über ihn mit der Härte eines Hammerschlags. Lautlos stürzte er dem Wachmann zu Füßen.

Zwei Fußgänger, die den Vorfall mitangesehen hatten, eilten herbei. Sie knieten nieder und wälzten August auf den Rücken. Zu ihrem Staunen lächelte er. Es war ein breites, seraphisches Lächeln, aus dem Blut sprudelte und rieselte. Seine Augen waren weit offen und starrten mit untrübbarer Unschuld auf die dünne Schale des Mondes, die gerade jetzt am Himmel sichtbar wurde.

# Epilog

Von allen Erzählungen, die ich jemals geschrieben habe, ist dies die eigenartigste. Ich habe sie eigens für Fernand Léger und seinen Zyklus von Zirkus- und Clownsbildern verfaßt.

Nachdem ich diese Einladung angenommen hatte, vergingen Monate, bevor ich den ersten Satz zu Papier brachte. Obwohl mir völlige Freiheit belassen wurde, fühlte ich mich gehemmt. Ich hatte nie zuvor eine Erzählung im Auftrag geschrieben.

Meine Gedanken kreisten wie besessen um die Namen: Rouault, Miró, Chagall, Max Jacob, Seurat. Fast hätte ich lieber die Illustrationen gemacht als den Text. Ich hatte schon früher einige Clownsbilder gemalt, eines davon hieß *Cirque Médrano*. Einer dieser Clowns zeigte starke Ähnlichkeit mit

Chagall, wurde mir berichtet – ich habe Chagall persönlich niemals getroffen, noch eine Fotografie von ihm gesehen.

Während der Bemühungen um den Beginn fiel mir ein kleines Buch von Wallace Fowlie in die Hand, das einen scharfgeschliffenen Essay über die Clownsbilder von Rouault enthält. Ich vertiefte mich in Rouaults Leben und Werk, das mich stark beeinflußt hat, und sah mich selbst als den Clown, der ich bin, der ich immer war. Ich dachte an meine Leidenschaft für den Zirkus, besonders für den *Cirque Intime,* und wie alle diese Erfahrungen als Zuschauer und stummer Teilnehmer am Spiel tief in meinem Bewußtsein begraben liegen mußten. Ich erinnerte mich, wie ich bei meiner Schulentlassung auf die Frage, was ich werden wollte, geantwortet hatte – »ein Clown«. Ich rief mir ins Gedächtnis, wie viele meiner alten Freunde in ihrem Benehmen wie Clowns waren – und es waren jene, die ich am meisten liebte. Und dann entdeckte ich zu meiner Überraschung, daß meine engsten Freunde mich selbst als Clown sahen.

Und plötzlich erkannte ich, was für einen gewaltigen Eindruck der Titel von Wallace Fowlies Buch (des ersten, das ich von ihm gelesen) auf mich gemacht hatte. Es hieß: *Clowns and Angels.* Bei Balzac, in *Louis Lambert,* hatte ich von Engeln gelesen, und in den zahlreichen Abwandlungen des Themas durch Fowlie gewann ich neue Einsichten in die Rolle des Clowns. Clowns und Engel stehen zueinander in gottgewollter Entsprechung.

Hatte ich im übrigen nicht selbst in meinen Büchern von August Angst und Guy le Crèvecœr erzählt? Wer waren sie, diese beiden verängstigten, betrogenen, verzweifelten Seelen, wenn nicht ich selbst?

Und außerdem . . . das erfolgreichste Bild, das ich jemals malte, war der Kopf eines Clowns, dem ich zwei Münder gab, einen für die Freude und einen für das Leid. Der Mund der Freude war scharlachrot – es war

67

ein singender Mund. (Dabei fällt mir auf: ich habe seither nie wieder gesungen.)

Mittlerweile erhielt ich einige Skizzen von Léger. Eine davon zeigte den Kopf eines Pferdes. Ich legte sie in ein Schubfach, vergaß sie und begann zu schreiben. Erst als ich die Erzählung beendet hatte, merkte ich, woher ich das Pferd genommen hatte. Die Leiter, versteht sich, stammt von Miró, ebenso wahrscheinlich der Mond. (»Hund, der den Mond anbellt«, hieß das erste Bild, das ich von Miró sah.)

Ich ging dann von mir selbst aus, in der festen Überzeugung, daß ich alles Wissenswerte über die Clowns und den Zirkus in mir trug. Ich schrieb Zeile für Zeile und schritt wie ein Blinder fort, ohne vorauszuahnen, was in der nächsten stehen würde. Ich hatte mich selbst – die Leiter und das Pferd, die ich unbewußt gestohlen hatte. Gesellschaft leisteten mir die Dichter und Maler, die ich bewunderte – Rouault, Miró, Chagall, Max Jacob, Seurat. Seltsamerweise sind alle diese Künstler Dichter und Maler zugleich. Mit jedem von ihnen war ich zutiefst verbunden.

Der Clown ist ein handelnder Dichter. Er ist selbst die Geschichte, die er spielt. Es ist immer die gleiche Geschichte – Verehrung, Aufopferung, Kreuzigung. *A Rosy Crucifixion,* meine ich.

Der einzige Teil der Erzählung, der mir Schwierigkeiten bereitete, waren die letzten Zeilen, die ich verschiedene Male neu schrieb. »Es gibt ein Licht, das tötet«, sagt meines Wissens Balzac irgendwo. Ich wünschte mir, daß mein Held August vergehen möge, wie ein Licht sich von uns fortbewegt. Aber nicht in den Tod! Sein Abgang sollte wie ein Licht den Weg erhellen. Ich sah ihn nicht als Ende, vielmehr als Beginn. Wenn August sich selber findet, beginnt das Leben – und nicht nur für August, sondern für die ganze Menschheit.

Möge niemand glauben, daß ich mir diese Geschichte ausgedacht hätte! Ich habe sie

lediglich erzählt, wie ich sie in mir fühlte,
Stück für Stück, wie sie sich mir selbst offen-
barten. Zweifellos ist es die seltsamste Geschichte meines Lebens. Sie ist kein surreali-
stisches Dokument, dies ganz gewiß nicht.
Der Prozeß des Schreibens mag ein surreali-
stischer gewesen sein, aber das besagt nur,
daß die Surrealisten die wahre schöpferische
Methode des Erzählens wiederentdeckt haben. Nein, viel mehr als andere Geschichten,
die ich auf Tatsachen und Erfahrung ge-
gründet habe, ist diese eine wahre Geschichte. Mein einziges Ziel beim Schreiben
war, die Wahrheit zu sagen, so wie ich sie
kannte. Vordem waren alle meine Gestal-
ten wirklich gewesen, aus dem Leben genommen, meinem eigenen Leben. August
ist einzigartig unter ihnen: er fiel mir vom
Himmel zu. Aber was sind diese Himmel,
die uns umgeben und einschließen, wenn
nicht die Wirklichkeit selbst? Wahrhaftig,
wir erfinden nichts. Wir borgen aus dem
Überfluß und schaffen ihn nach. Wir ent-

70

hüllen und entdecken. Alles ward uns gegeben, wie die Mystiker sagen. Wir brau-
chen nur die Augen und die Herzen zu öffnen, um eins zu werden mit dem Seienden.
Der Clown zieht mich besonders deswegen
an (es war mir nicht immer bewußt), weil er
von der Welt durch Gelächter getrennt ist.
Dieses sein Gelächter hat nichts Homeri-
sches an sich. Es ist ein stilles Lachen, das
wir freudeleer nennen. Der Clown lehrt
uns, wie wir über uns selbst lachen sollen.
Und dieses unser Lachen wird aus Tränen
geboren.
Freude ist wie ein Strom: sie fließt ohne
Unterlaß. Das ist nach meinem Glauben die
Botschaft, die der Clown uns zu überbrin-
gen versucht, daß wir teilhaben sollen am
unaufhörlichen Fluß, der endlosen Bewegt-
heit, daß wir nicht anhalten sollen, um
nachzudenken, zu vergleichen, zu zerglie-
dern, zu besitzen, sondern fließen immerfort, ohne Ende wie Musik. Das ist der Ge-
winn im Verzicht, und der Clown schafft

das Sinnbild dafür. An uns ist es, das Symbol in Wirklichkeit zu wandeln.

Zu keiner Zeit der menschlichen Geschichte war die Welt so voller Leiden und Angst. Hie und da treffen wir jedoch Menschen, die unberührt und unbefleckt blieben vom allgemeinen Elend. Es sind keine herzlosen Geschöpfe, weit davon entfernt! Sie haben die Freiheit gewonnen. Die Welt erscheint ihnen anders als uns. Sie sehen mit anderen Augen. Wir sagen von ihnen, daß sie der Welt gestorben sind. Sie erleben den Augenblick in seiner vollen Größe, sie strahlen, und dieses Strahlen rund um sie ist ein immerwährendes Lied der Freude.

Der Zirkus öffnet eine winzige Lücke in der Arena der Vergessenheit. Für eine kurze Spanne dürfen wir uns verlieren, uns auflösen in Wunder und Seligkeit, vom Geheimnis verwandelt. Wir tauchen wieder empor zur Verwirrung, betrübt und entsetzt vom Alltagsanblick der Welt. Aber diese alltägliche Welt, die wir allzugut zu

kennen meinen, es ist dieselbe, die einzige
Welt, eine Welt voll Magie, voll unaus-
schöpflichen Zaubers. Wie der Clown füh-
ren wir unsere Bewegungen aus, täuschen
wir vor, bemühen wir uns, das große Ereig-
nis hinauszuschieben. Wir sterben in den
Wehen unserer Geburt. Wir sind niemals
gewesen, wir sind auch jetzt nicht. Wir sind
immerzu im Werden, immerzu einsam und
losgelöst. Für immer außen.
Das ist das Bild von August Angst, alias
Guy le Crèvecœur – oder das alltägliche Gesicht der Welt mit zwei Mündern. August
ist von anderer Art. Vielleicht habe ich sein
Porträt nicht klar genug gezeichnet. Aber
er lebt, und sei es aus dem einzigen Grunde,
weil ich ihn geschaffen habe. Er kam vom
Himmel und kehrt dorthin zurück. Er ist
nicht untergegangen, er ist nicht verloren.
Noch wird er vergessen sein. Vor wenigen
Tagen sprach ich mit einem Maler, den ich
kenne, von den Gestaltungen, die uns Seurat hinterlassen hat. Ich sagte, daß sie dort

73

wurzeln, wo er sie geschaffen hat – für die Ewigkeit. Wie dankbar ich bin, daß ich mit ihnen leben durfte – in der Grande Jatte, im Medrano und anderswo im Geiste. Nichts an ihnen ist trügerisch. Ihre Realität ist unaustilgbar. Sie leben im Licht ihrer Sonne, in einer Harmonie von Form und Rhythmus, die reine Melodie ist. Und dies gilt für die Clowns von Rouault, die Engel von Chagall, die Leiter und den Mond von Miró, für seine ganze Menagerie. Und es gilt für Max Jacob, der nie aufhörte, ein Clown zu sein, nicht einmal, als er Gott gefunden hatte. Im Wort, im Bild, in der Tat haben alle diese gesegneten Seelen, die mich auf meinem Wege begleiteten, für die unvergängliche Wirklichkeit ihrer Vision gezeugt. Ihre tägliche Welt wird eines Tages die unsere sein. Sie ist es schon heute, nur unsere Herzen sind noch zu schwach, sie in Besitz zu nehmen.

Henry Miller

Januar 1948    Big Sur, Kalifornien

# Bibliothek Suhrkamp

Verzeichnis der letzten Nummern

381 Stephan Hermlin, Der Leutnant Yorck von Wartenburg
382 Erhart Kästner, Zeltbuch von Tumilat
383 Yasunari Kawabata, Träume im Kristall
384 Zbigniew Herbert, Inschrift
385 Hermann Broch, Hofmannsthal und seine Zeit
386 Joseph Conrad, Jugend
387 Karl Kraus, Nestroy und die Nachwelt
388 Ernst Bloch, Erbschaft dieser Zeit
389 Thomas Mann, Leiden und Größe der Meister
390 Viktor Šklovskij, Sentimentale Reise
391 Max Horkheimer: Die gesellschaftliche Funktion der Philosophie
393 Wolfgang Koeppen, Tauben im Gras
394 Cesare Pavese, Das Handwerk des Lebens
395 Theodor W. Adorno, Noten zur Literatur IV
397 Ferruccio Busoni, Entwurf einer neuen Ästhetik der Tonkunst
398 Ernst Bloch, Zur Philosophie der Musik
399 Oscar Wilde, Die romantische Renaissance
400 Marcel Proust, Tage des Lesens
402 Paul Nizan, Das Leben des Antoine B.
403 Hermann Heimpel, Die halbe Violine
404 Octavio Paz, Das Labyrinth der Einsamkeit
405 Stanisław Lem, Das Hohe Schloß
406 André Breton, Nadja
407 Walter Benjamin, Denkbilder
408 Mircea Eliade, Die Sehnsucht nach dem Ursprung
409 Rainer Maria Rilke, Über Dichtung und Kunst
410 Ödön von Horváth, Italienische Nacht
411 Jorge Guillén, Ausgewählte Gedichte
412 Paul Celan, Gedichte I
413 Paul Celan, Gedichte II
414 Rainer Maria Rilke, Das Testament
415 Thomas Bernhard, Die Macht der Gewohnheit
416 Zbigniew Herbert, Herr Cogito
417 Wolfgang Hildesheimer, Hauskauf
418 James Joyce, Dubliner
419 Carl Einstein, Bebuquin
420 Georg Trakl, Gedichte
421 Günter Eich, Katharina
422 Alejo Carpentier, Das Reich von dieser Welt
423 Albert Camus, Jonas
424 Jesse Thoor, Gedichte
425 T. S. Eliot, Das wüste Land

426 Carlo Emilio Gadda, Die Erkenntnis des Schmerzes
427 Michel Leiris, Mannesalter
428 Hermann Lenz, Der Kutscher und der Wappenmaler
429 Mircea Eliade, Das Mädchen Maitreyi
430 Ramón del Valle-Inclán, Tyrann Banderas
431 Raymond Queneau, Zazie in der Metro
433 William Butler Yeats, Die geheime Rose
434 Juan Rulfo, Pedro Páramo
435 André Breton, L'Amour fou
436 Marie Luise Kaschnitz, Gedichte
437 Jerzy Szaniawski, Der weiße Rabe
438 Ludwig Hohl, Nuancen und Details
439 Mario Vargas Llosa, Die kleinen Hunde
440 Thomas Bernhard, Der Präsident
441 Hermann Hesse – Thomas Mann, Briefwechsel
442 Hugo Ball, Flametti
443 Adolfo Bioy Casares, Morels Erfindung
444 Hermann Hesse, Wanderung
445 Ödön von Horváth, Don Juan
446 Flann O'Brien, Der dritte Polizist
447 Giuseppe Tomasi di Lampedusa, Der Leopard
448 Robert Musil, Die Verwirrungen des Zöglings Törleß
449 Elias Canetti, Der Überlebende
450 Robert Walser, Geschwister Tanner
451 Alfred Döblin, Berlin Alexanderplatz
452 Gertrude Stein, Paris Frankreich
453 Johannes R. Becher, Gedichte
454 Federico García Lorca, Bluthochzeit/Yerma
455 Ilja Ehrenburg, Julio Jurenito
456 Boris Pasternak, Kontra-Oktave
457 Juan Carlos Onetti, Die Werft
458 Anna Seghers, Die schönsten Sagen vom Räuber Woynok
459 Harry Levin, James Joyce
464 Franz Kafka, Der Heizer
465 Wolfgang Hildesheimer, Masante
466 Evelyn Waugh, Wiedersehen mit Brideshead
467 Gershom Scholem, Walter Benjamin
468 Rainer Maria Rilke, Duineser Elegien
469 Hugo von Hofmannsthal/Rainer Maria Rilke, Briefwechsel
470 Alain, Die Pflicht glücklich zu sein
471 Wolfgang Schadewaldt, Der Gott von Delphi
472 Hermann Hesse, Legenden
473 H. C. Artmann, Gedichte
474 Paul Valéry, Zur Theorie der Dichtkunst
476 Erhart Kästner, Aufstand der Dinge
477 Stanisław Lem, Der futurologische Kongreß
478 Theodor Haecker, Tag- und Nachtbücher

479 Peter Szondi, Satz und Gegensatz
480 Tania Blixen, Babettes Gastmahl
481 Friedo Lampe, Septembergewitter
482 Heinrich Zimmer, Kunstform und Yoga
483 Hermann Hesse, Musik
486 Marie Luise Kaschnitz, Orte
487 Hans-Georg Gadamer, Vernunft im Zeitalter der Wissenschaft
488 Yukio Mishima, Nach dem Bankett
489 Thomas Bernhard, Amras
490 Robert Walser, Der Gehülfe
491 Patricia Highsmith, Als die Flotte im Hafen lag
492 Julien Green, Der Geisterseher
493 Stefan Zweig, Die Monotonisierung der Welt
494 Samuel Beckett, That Time/Damals
495 Thomas Bernhard, Die Berühmten
496 Günter Eich, Marionettenspiele
497 August Strindberg, Am offenen Meer
498 Joseph Roth, Die Legende vom heiligen Trinker
499 Hermann Lenz, Dame und Scharfrichter
500 Wolfgang Koeppen, Jugend
501 Andrej Belyj, Petersburg
503 Cortázar, Geschichten der Cronopien und Famen
504 Juan Rulfo, Der Llano in Flammen
505 Carlos Fuentes, Zwei Novellen
506 Augusto Roa Bastos, Menschensohn
508 Alejo Carpentier, Barockkonzert
509 Elisabeth Borchers, Gedichte
510 Jurek Becker, Jakob der Lügner
512 James Joyce, Die Toten/The Dead
513 August Strindberg, Fräulein Julie
514 Sigmund Freud, Eine Kindheitserinnerung des Leonardo da Vinci
515 Robert Walser, Jakob von Gunten
519 Rainer Maria Rilke, Gedichte an die Nacht
520 Else Lasker-Schüler, Mein Herz
521 Marcel Schwob, Roman der 22 Lebensläufe
522 Mircea Eliade, Die Pelerine
523 Hans Erich Nossack, Der Untergang
524 Jerzy Andrzejewski, Jetzt kommt über dich das Ende
525 Günter Eich, Aus dem Chinesischen
526 Gustaf Gründgens, Wirklichkeit des Theaters
527 Martin Walser, Ehen in Philippsburg
528 René Schickele, Die Flaschenpost
529 Flann O'Brien, Das Barmen
533 Wolfgang Hildesheimer, Biosphärenklänge
534 Ingeborg Bachmann, Malina
535 Ludwig Wittgenstein, Vermischte Bemerkungen
536 Zbigniew Herbert, Ein Barbar in einem Garten

537 Rainer Maria Rilke, Ewald Tragy
538 Robert Walser, Die Rose
539 Malcolm Lowry, Die letzte Adresse
540 Boris Vian, Die Gischt der Tage
541 Hermann Hesse, Josef Knechts Lebensläufe
542 Hermann Hesse, Magie des Buches
543 Hermann Lenz, Spiegelhütte
544 Federico García Lorca, Gedichte
545 Ricarda Huch, Der letzte Sommer
546 Wilhelm Lehmann, Gedichte
547 Walter Benjamin, Deutsche Menschen
548 Bohumil Hrabal, Tanzstunden für Erwachsene und
Fortgeschrittene
549 Nelly Sachs, Gedichte
550 Ernst Penzoldt, Kleiner Erdenwurm
551 Octavio Paz, Gedichte
552 Luigi Pirandello, Einer, Keiner, Hunderttausend
553 Strindberg, Traumspiel
554 Carl Seelig, Wanderungen mit Robert Walser
555 Gershom Scholem, Von Berlin nach Jerusalem
556 Thomas Bernhard, Immanuel Kant
557 Ludwig Hohl, Varia
559 Raymond Roussel, Locus Solus
560 Jean Gebser, Rilke und Spanien
561 Stanisław Lem, Die Maske · Herr F.
562 Raymond Chandler, Straßenbekanntschaft Noon Street
563 Konstantin Paustowskij, Erzählungen vom Leben
564 Rudolf Kassner, Zahl und Gesicht
565 Hugo von Hofmannsthal, Das Salzburger große Welttheater
567 Siegfried Kracauer, Georg
568 Valery Larbaud, Glückliche Liebende . . .
570 Graciliano Ramos, Angst
571 Karl Kraus, Über die Sprache
572 Rudolf Alexander Schröder, Ausgewählte Gedichte
573 Hans Carossa, Rumänisches Tagebuch
574 Marcel Proust, Combray
575 Theodor W. Adorno, Berg
576 Vladislav Vančura, Der Bäcker Jan Marhoul
577 Mircea Eliade, Die drei Grazien
578 Georg Kaiser, Villa Aurea
579 Gertrude Stein, Zarte Knöpfe
580 Elias Canetti, Aufzeichnungen
581 Max Frisch, Montauk
582 Samuel Beckett, Um abermals zu enden
583 Mao Tse-tung, 39 Gedichte
584 Ernst Kreuder, Die Gesellschaft vom Dachboden
585 Peter Weiss, Der Schatten des Körpers des Kutschers

586 Herman Bang, Das weiße Haus
587 Herman Bang, Das graue Haus
588 Hermann Broch, Menschenrecht und Demokratie
589 D. H. Lawrence, Auferstehungsgeschichte
590 Flann O'Brien, Zwei Vögel beim Schwimmen
591 André Gide, Die Rückkehr des verlorenen Sohnes
592 Jean Gebser, Lorca oder das Reich der Mütter
593 Robert Walser, Der Spaziergang
594 Natalia Ginzburg, Caro Michele
595 Raquel de Queiroz, Das Jahr 15
596 Hans Carossa, Ausgewählte Gedichte
597 Mircea Eliade, Der Hundertjährige
599 Hans Mayer, Doktor Faust und Don Juan
600 Thomas Bernhard, Ja
601 Marcel Proust, Der Gleichgültige
602 Hans Magnus Enzensberger, Mausoleum
603 Stanisław Lem, Golem XIV
604 Max Frisch, Der Traum des Apothekers von Locarno
605 Ludwig Hohl, Vom Arbeiten · Bild
606 Herman Bang, Exzentrische Existenzen
607 Guillaume Apollinaire, Bestiarium
608 Hermann Hesse, Klingsors letzter Sommer
609 René Schickele, Die Witwe Bosca
610 Machado de Assis, Der Irrenarzt
611 Wladimir Trendrjakow, Die Nacht nach der Entlassung
612 Peter Handke, Die Angst des Tormanns beim Elfmeter
613 André Gide, Die Aufzeichnungen und Gedichte des André Walter
614 Bernhard Guttmann, Das alte Ohr
616 Ludwig Wittgenstein, Bemerkungen über die Farben
617 Paul Nizon, Stolz
618 Alexander Lernet-Holenia, Die Auferstehung des Maltravers
619 Jean Tardieu, Mein imaginäres Museum
620 Arno Holz/Johannes Schlaf, Papa Hamlet
621 Hans Erich Nossack, Vier Etüden
622 Reinhold Schneider, Las Casas vor Karl V.
624 Ludwig Hohl, Bergfahrt
625 Hermann Lenz, Das doppelte Gesicht
627 Vladimir Nabokov, Lushins Verteidigung
628 Donald Barthelme, Komm wieder Dr. Caligari
629 Louis Aragon, Libertinage, die Ausschweifung
630 Ödön von Horváth, Sechsunddreißig Stunden
631 Bernard Shaw, Sozialismus für Millionäre
632 Meinrad Inglin, Werner Amberg. Die Geschichte seiner Kindheit
633 Lloyd deMause, Über die Geschichte der Kindheit
634 Rainer Maria Rilke, Die Sonette an Orpheus
635 Aldous Huxley, Das Lächeln der Gioconda
636 François Mauriac, Die Tat der Thérèse Desqueyroux

637 Wolf von Niebelschütz, Über Dichtung
638 Henry de Montherlant, Die kleine Infantin
639 Yasushi Inoue, Eroberungszüge
640 August Strindberg, Das rote Zimmer
641 Ernst Simon, Entscheidung zum Judentum
642 Albert Ehrenstein, Briefe an Gott
643 E. M. Cioran, Über das reaktionäre Denken
645 Marie Luise Kaschnitz, Beschreibung eines Dorfes
646 Thomas Bernhard, Der Weltverbesserer
647 Wolfgang Hildesheimer, Exerzitien mit Papst Johannes
648 Volker Braun, Unvollendete Geschichte
649 Hans Carossa, Ein Tag im Spätsommer 1947
650 Jean-Paul Sartre, Die Wörter
651 Regina Ullmann, Ausgewählte Erzählungen
652 Stéphane Mallarmé, Eines Faunen Nachmittag
653 Flann O'Brien, Das harte Leben
654 Valery Larbaud, Fermina Márquez
655 Robert Walser, Geschichten
656 Max Kommerell, Der Lampenschirm aus den drei Taschentüchern
657 Samuel Beckett, Bruchstücke
658 Carl Spitteler, Imago
659 Wolfgang Koeppen, Das Treibhaus
660 Ernst Weiß, Franziska
661 Grigol Robakidse, Kaukasische Novellen
662 Muriel Spark, Die Ballade von Peckham Rye
663 Hans Erich Nossack, Der Neugierige
665 Mircea Eliade, Fräulein Christine
666 Yasushi Inoue, Die Berg-Azaleen auf dem Hira-Gipfel
667 Max Herrmann-Neiße, Der Todeskandidat
668 Ramón del Valle-Inclán, Frühlingssonate
669 Marguerite Duras, Ganze Tage in den Bäumen
670 Ding Ling, Das Tagebuch der Sophia
671 Yehudi Menuhin, Kunst und Wissenschaft als verwandte Begriffe
672 Karl Krolow, Gedichte
673 Giovanni Papini, Ein erledigter Mensch
674 Bernhard Kellermann, Der Tunnel
675 Ludwig Hohl, Das Wort faßt nicht jeden
678 Julien Green, Moira
679 Georges Simenon, Der Präsident
680 Rudolf Jakob Humm, Die Inseln
682 Hans Henny Jahnn, Die Nacht aus Blei
683 Luigi Malerba, Geschichten vom Ufer des Tibers
685 Reinhold Schneider, Verhüllter Tag
688 Hans Carossa, Führung und Geleit
689 Ferdinand Ebner, Das Wort und die geistigen Realitäten
696 Odysseas Elytis, Ausgewählte Gedichte
697 Wisława Szymborska: Deshalb leben wir

# Bibliothek Suhrkamp

Alphabetisches Verzeichnis

Adorno: Berg 575
– Literatur 1 47
– Literatur 2 71
– Literatur 3 146
– Literatur 4 395
– Mahler 61
– Minima Moralia 236
– Über Walter Benjamin 260
Aitmatow: Dshamilja 315
Alain: Die Pflicht glücklich zu
  sein 470
Alain-Fournier: Der große
  Meaulnes 142
– Jugendbildnis 23
Alberti: Zu Lande zu Wasser 60
Anderson: Winesburg, Ohio 44
Andrić: Hof 38
Andrzejewski: Appellation 325
– Jetzt kommt über dich das
  Ende 524
Apollinaire: Bestiarium 607
Aragon: Libertinage, die
  Ausschweifung 629
Arghezi: Kleine Prosa 156
Artmann: Gedichte 473
de Assis: Der Irrenarzt 610
Asturias: Legenden 358
Bachmann: Malina 534
Ball: Flametti 442
– Hermann Hesse 34
Bang: Das weiße Haus 586
– Das graue Haus 587
– Exzentrische Existenzen 606
Barnes: Antiphon 241
– Nachtgewächs 293
Baroja: Shanti Andía, der
  Ruhelose 326
Barthelme: City Life 311
– Komm wieder Dr. Caligari 628
Barthes: Die Lust am Text 378
Baudelaire: Gedichte 257
Becher: Gedichte 453

Becker: Jakob der Lügner 510
Beckett: Bruchstücke 657
– Erste Liebe 277
– Erzählungen 82
– Glückliche Tage 98
– Mercier und Camier 327
– Residua 254
– That Time/Damals 494
– Um abermals zu enden 582
– Verwaiser 303
– Wie es ist 118
Belyj: Petersburg 501
Benjamin: Berliner Chronik 251
– Berliner Kindheit 2
– Denkbilder 407
– Deutsche Menschen 547
– Einbahnstraße 27
– Über Literatur 232
Benn: Weinhaus Wolf 202
Bernhard: Amras 489
– Der Präsident 440
– Der Weltverbesserer 646
– Die Berühmten 495
– Die Jagdgesellschaft 376
– Die Macht der Gewohnheit 415
– Ignorant 317
– Immanuel Kant 556
– Ja 600
– Midland 272
– Verstörung 229
Bioy-Casares:
  Morels Erfindung 443
Blixen: Babettes Gastmahl 480
Bloch: Erbschaft dieser Zeit 388
– Schiller 234
– Spuren. Erweiterte Ausgabe 54
– Thomas Münzer 77
– Verfremdungen 1 85
– Verfremdungen 2 120
– Zur Philosophie der Musik 398
Block: Sturz 290
Bond: Lear 322

Borchers: Gedichte 509
Braun: Unvollendete Geschichte 648
Brecht: Die Bibel 256
– Flüchtlingsgespräche 63
– Gedichte und Lieder 33
– Geschichten 81
– Hauspostille 4
– Klassiker 287
– Messingkauf 140
– Me-ti 228
– Politische Schriften 242
– Schriften zum Theater 41
– Svendborger Gedichte 335
– Turandot 206
Breton: L'Amour fou 435
– Nadja 406
Broch: Demeter 199
– Esch 157
– Gedanken zur Politik 245
– Hofmannsthal und seine Zeit 385
– Huguenau 187
– James Joyce 306
– Magd Zerline 204
– Menschenrecht und Demokratie 588
– Pasenow 92
Brudziński: Rote Katz 266
Busoni: Entwurf einer neuen Ästhetik der Tonkunst 397
Camus: Der Fall 113
– Jonas 423
– Ziel eines Lebens 373
Canetti: Aufzeichnungen 580
– Der Überlebende 449
Capote: Die Grasharfe 62
Carossa: Gedichte 596
– Ein Tag im Spätsommer 1947 649
– Rumänisches Tagebuch 573
– Führung und Geleit 688
Carpentier: Barockkonzert 508
– Das Reich von dieser Welt 422
Celan: Ausgewählte Gedichte 264
– Gedichte I 412
– Gedichte II 413

Chandler: Straßenbekanntschaft Noon Street 562
Cioran: Über das reaktionäre Denken 643
Cortázar: Geschichten der Cronopien und Famen 503
Cocteau: Nacht 171
Conrad: Jugend 386
Curtius: Marcel Proust 28
Ding Ling: Das Tagebuch der Sophia 670
Döblin: Berlin Alexanderplatz 451
Duras: Ganze Tage in den Bäumen 669
– Herr Andesmas 109
Ebner: Das Wort und die geistigen Realitäten 689
Ehrenburg: Julio Jurenito 455
Ehrenstein: Briefe an Gott 642
Eich: Aus dem Chinesischen 525
– Gedichte 368
– In anderen Sprachen 135
– Katharina 421
– Marionettenspiele 496
– Maulwürfe 312
– Träume 16
Einstein: Bebuquin 419
Eliade: Das Mädchen Maitreyi 429
– Der Hundertjährige 597
– Die drei Grazien 577
– Die Sehnsucht nach dem Ursprung 408
– Die Pelerine 522
– Mântuleasa-Straße 328
– Fräulein Christine 665
Eliot: Das wüste Land 425
– Gedichte 130
– Old Possums Katzenbuch 10
Elytis: Ausgewählte Gedichte 696
Enzensberger: Mausoleum 602
Faulkner: Der Bär 56
– Wilde Palmen 80
Fitzgerald: Taikun 91
Fleißer: Abenteuer 223
– Ein Pfund Orangen 375

Freud: Briefe 307
- Der Mann Moses 131
- Leonardo da Vinci 514
Frisch: Andorra 101
- Bin 8
- Biografie: Ein Spiel 225
- Der Traum des Apothekers
  von Locarno 604
- Homo faber 87
- Montauk 581
- Tagebuch 1946–49 261
Fuentes: Zwei Novellen 505
Gadamer: Vernunft im Zeitalter
  der Wissenschaft 487
- Wer bin Ich und wer bist Du?
  352
Gadda: Die Erkenntnis des
  Schmerzes 426
- Erzählungen 160
Gebser: Lorca oder das Reich
  der Mütter 592
- Rilke und Spanien 560
Gide: Die Aufzeichnungen und
  Gedichte des André Walter 613
- Die Rückkehr des verlorenen
  Sohnes 591
Ginsburg: Caro Michele 594
Giraudoux: Juliette im Lande
  der Männer 308
Gorki: Zeitgenossen 89
Green: Der Geisterseher 492
- Der andere Schlaf 45
- Moira 678
Gründgens: Wirklichkeit des
  Theaters 526
Guillén: Ausgewählte Gedichte 411
Guttmann: Das alte Ohr 614
Habermas: Philosophisch-poli-
  tische Profile 265
Haecker: Tag- und Nachtbücher
  478
Hamsun: Hunger 143
- Mysterien 348
Handke: Die Angst des Tor-
  manns beim Elfmeter 612
Hašek: Partei 283
Heimpel: Die halbe Violine 403

Hemingway· Der alte Mann und
  das Meer 214
Herbert: Ein Barbar in einem
  Garten 536
- Herr Cogito 416
- Im Vaterland der Mythen 339
- Inschrift 384
Hermlin: Der Leutnant Yorck
  von Wartenburg 381
Herrmann-Neiße: Der Todes-
  kandidat 667
Hesse: Briefwechsel m. Th. Mann
  441
- Demian 95
- Eigensinn 353
- Glaube 300
- Glück 344
- Iris 369
- Klingsors letzter Sommer 608
- Josef Knechts Lebensläufe 541
- Knulp 75
- Kurgast 329
- Legenden 472
- Magie des Buches 542
- Morgenlandfahrt 1
- Musik 483
- Narziß und Goldmund 65
- Politische Betrachtungen 244
- Siddhartha 227
- Steppenwolf 226
- Stufen 342
- Vierter Lebenslauf 181
- Wanderung 444
Highsmith: Als die Flotte im
  Hafen lag 491
Hildesheimer: Biosphärenklänge
  533
- Cornwall 281
- Exerzitien mit Papst Johannes
  647
- Hauskauf 417
- Lieblose Legenden 84
- Masante 465
- Tynset 365
Hofmannsthal: Briefwechsel 469
- Das Salzburger große Welt-
  theater 565

– Gedichte und kleine Dramen 174
Hohl: Bergfahrt 624
– Das Wort faßt nicht jeden 275
– Nuancen und Details 438
– Varia 557
– Vom Arbeiten · Bild 605
– Vom Erreichbaren 323
– Weg 292
Holz/Schlaf: Papa Hamlet 620
Horkheimer: Die gesellschaftliche Funktion der Philosophie 391
Horváth: Don Juan 445
– Glaube Liebe Hoffnung 361
– Italienische Nacht 410
– Kasimir und Karoline 316
– Sechsunddreißig Stunden 630
– Von Spießern 285
– Wiener Wald 247
Hrabal: Moritaten 360
– Tanzstunden 548
Huch: Der letzte Sommer 545
Huchel: Ausgewählte Gedichte 345
Hughes: Sturmwind auf Jamaika 363
– Walfischheim 14
Humm: Die Inseln 680
Huxley: Das Lächeln der Gioconda 635
Inglin: Werner Amberg. Die Geschichte seiner Kindheit 632
Inoue: Die Berg-Azaleen auf dem Hira-Gipfel 666
– Eroberungszüge 639
– Jagdgewehr 137
– Stierkampf 273
Jacob: Würfelbecher 220
Jahnn: Die Nacht aus Blei 682
James: Die Tortur 321
Jouve: Paulina 271
Joyce: Anna Livia Plurabelle 253
– Briefe an Nora 280
– Dubliner 418
– Giacomo Joyce 240
– Kritische Schriften 313
– Porträt des Künstlers 350
– Stephen der Held 338

– Die Toten/The Dead 512
– Verbannte 217
Kafka: Der Heizer 464
– Die Verwandlung 351
– Er 97
Kaiser: Villa Aurea 578
Kasack: Stadt 296
Kasakow: Larifari 274
Kaschnitz: Beschreibung eines Dorfes 645
– Gedichte 436
– Orte 486
– Vogel Rock 231
Kassner: Zahl und Gesicht 564
Kästner: Aufstand der Dinge 476
– Zeltbuch von Tumilat 382
Kawabata: Träume im Kristall 383
Kawerin: Ende einer Bande 332
– Unbekannter Meister 74
Kellermann: Der Tunnel 674
Koeppen: Das Treibhaus 659
– Jugend 500
– Tauben im Gras 393
Kołakowski: Himmelsschlüssel 207
Kolář: Das sprechende Bild 288
Kommerell: Der Lampenschirm aus den drei Taschentüchern 656
Kracauer: Freundschaft 302
– Georg 567
– Ginster 107
Kraft: Franz Kafka 211
– Spiegelung der Jugend 356
Kraus: Nestroy und die Nachwelt 387
– Sprüche 141
– Über die Sprache 571
Kreuder: Die Gesellschaft vom Dachboden 584
Krolow: Alltägliche Gedichte 219
– Gedichte 672
– Nichts weiter als Leben 262
Kudszus: Jaworte 252
Lampe: Septembergewitter 481
Landolfi: Erzählungen 185

Landsberg: Erfahrung des Todes
371
Larbaud: Fermina Márquez 654
– Glückliche Liebende ... 568
Lasker-Schüler: Mein Herz 520
Lawrence: Auferstehungs-
geschichte 589
Lehmann: Gedichte 546
Leiris: Mannesalter 427
Lem: Das Hohe Schloß 405
– Der futurologische Kongreß
477
– Die Maske · Herr F. 561
– Golem XIV 603
– Robotermärchen 366
Lenz: Dame und Scharfrichter 499
– Das doppelte Gesicht 625
– Der Kutscher und der
Wappenmaler 428
– Spiegelhütte 543
Lernet-Holenia: Die Auferstehung
des Maltravers 618
Levin: James Joyce 459
Llosa: Die kleinen Hunde 439
Loerke: Anton Bruckner 39
– Gedichte 114
Lorca: Bluthochzeit/Yerma 454
– Gedichte 544
Lowry: Die letzte Adresse 539
Lucebert: Gedichte 259
Majakowskij: Ich 354
– Liebesbriefe an Lilja 238
– Politische Poesie 182
Malerba: Geschichten vom Ufer
des Tibers 683
Mallarmé: Eines Faunen Nach-
mittag 652
Mann, Heinrich: Politische
Essays 209
Mann, Thomas: Briefwechsel mit
Hermann Hesse 441
– Leiden und Größe der
Meister 389
– Schriften zur Politik 243
Mao Tse-tung: 39 Gedichte 583
Marcuse: Triebstruktur und
Gesellschaft 158

Mauriac, Die Tat der Thérèse
Desqueyroux 636
Maurois: Marcel Proust 286
deMause: Über die Geschichte der
Kindheit 633
Mayer: Brecht in der Geschichte
284
– Doktor Faust und Don Juan
599
– Goethe 367
Mayoux: James Joyce 205
Menuhin: Kunst und Wissenschaft
als verwandte Begriffe 671
Michaux: Turbulenz 298
Minder: Literatur 275
Mishima: Nach dem Bankett 488
Mitscherlich: Idee des Friedens 233
– Versuch, die Welt besser zu
bestehen 246
Montherlant: Die kleine
Infantin 638
Musil: Tagebücher 90
– Die Verwirrungen des Zöglings
Törleß 448
Nabokov: Lushins Verteidigung
627
Neruda: Gedichte 99
Niebelschütz: Über Dichtung 637
Nizan: Das Leben des
Antoine B. 402
Nizon: Stolz 617
Nossack: Beweisaufnahme 49
– Der Neugierige 663
– Der Untergang 523
– Interview 117
– Nekyia 72
– November 331
– Sieger 270
– Vier Etüden 621
Nowaczyński: Schwarzer Kauz 310
O'Brien: Der dritte Polizist 446
– Das Barmen 529
– Das harte Leben 653
– Zwei Vögel beim Schwimmen 590
Olescha: Neid 127
Onetti: Die Werft 457
Palinurus: Grab 11

Papini: Ein erledigter Mensch 673
Pasternak: Initialen 299
– Kontra-Oktave 456
Paustowskij: Erzählungen vom
  Leben 563
Pavese: Das Handwerk
  des Lebens 394
– Mond 111
Paz: Das Labyrinth der
  Einsamkeit 404
– Gedichte 551
Penzoldt: Kleiner Erdenwurm 550
– Patient 25
– Squirrel 46
– Prosa eines Liebenden 78
Piaget: Weisheit und Illusionen
  der Philosophie 362
Pirandello: Einer, Keiner,
  Hunderttausend 552
Plath: Ariel 380
– Glasglocke 208
Platonov: Baugrube 282
Ponge: Im Namen der Dinge 336
Portmann: Vom Lebendigen 346
Pound: ABC des Lesens 40
– Wort und Weise 279
Proust: Briefwechsel mit der
  Mutter 239
– Combray 574
– Der Gleichgültige 601
– Swann 267
– Tage der Freuden 164
– Tage des Lesens 400
Queiroz: Das Jahr 15 595
Queneau: Stilübungen 148
– Zazie in der Metro 431
Radiguet: Der Ball 13
– Teufel im Leib 147
Ramos: Angst 570
Ramuz: Erinnerungen an
  Strawinsky 17
Rilke: Ausgewählte Gedichte 184
– Briefwechsel 469
– Das Testament 414
– Der Brief des jungen Arbeiters
  372
– Die Sonette an Orpheus 634

– Duineser Elegien 468
– Ewald Tragy 537
– Gedichte an die Nacht 519
– Malte 343
– Über Dichtung und Kunst 409
Ritter: Subjektivität 379
Roa Bastos: Menschensohn 506
Robakidse: Kaukasische
  Novellen 661
Roditi: Dialoge über Kunst 357
Roth, Joseph: Beichte 79
– Die Legende vom heiligen
  Trinker 498
Roussell: Locus Solus 559
Rulfo: Der Llano in Flammen 504
– Pedro Páramo 434
Sachs, Nelly: Späte Gedichte 161
– Gedichte 549
– Verzauberung 276
Sarraute: Martereau 145
– Tropismen 341
Sartre: Die Wörter 650
– Kindheit 175
Schadewaldt: Der Gott von
  Delphi 471
Schickele: Die Flaschenpost 528
– Die Witwe Bosca 609
Schneider: Las Casas vor Karl V.
  622
– Verhüllter Tag 685
Scholem: Judaica 1 106
– Judaica 2 263
– Judaica 3 333
– Von Berlin nach Jerusalem 555
– Walter Benjamin 467
Scholem-Alejchem: Tewje 210
Schröder: Ausgewählte Gedichte
  572
– Der Wanderer 3
Schulz: Die Zimtläden 377
Schwob: Roman der 22 Lebens-
  läufe 521
Seelig: Wanderungen mit Robert
  Walser 554
Seghers: Aufstand 20
– Räuber Woynok 458
– Sklaverei 186

Sender: König und Königin 305
– Requiem für einen spanischen
  Landsmann 133
Shaw: Handbuch des Revo-
  lutionärs 309
– Haus Herzenstod 108
– Heilige Johanna 295
– Helden 42
– Kaiser von Amerika 359
– Mensch und Übermensch 129
– Pygmalion 66
– Selbstbiographische Skizzen 86
– Sozialismus für Millionäre 631
– Vorwort für Politiker 154
– Wagner-Brevier 337
Simenon: Der Präsident 679
Simon, Ernst: Entscheidung zum
  Judentum 641
Simon, Claude: Seil 134
Šklovskij: Sentimentale Reise 390
Solschenizyn: Matrjonas Hof 324
Spark: Die Ballade von
  Peckham Rye 662
Spitteler: Imago 658
Stein: Zarte Knöpfe 579
– Erzählen 278
– Paris Frankreich 452
Strindberg: Am offenen Meer 497
– Das rote Zimmer 640
– Fräulein Julie 513
– Traumspiel 553
Suhrkamp: Briefe 100
– Der Leser 55
– Munderloh 37
Svevo: Ein Mann wird älter
  301
– Vom alten Herrn 194
Szaniawski: Der weiße Rabe 437
Szondi: Celan-Studien 330
– Satz und Gegensatz 479
Szymborska: Deshalb leben wir
  697
Tardieu: Mein imaginäres
  Museum 619
Tendrjakow: Die Nacht nach der
  Entlassung 611
Thoor: Gedichte 424

Tomasi di Lampedusa: Der
  Leopard 447
Trakl: Gedichte 420
Ullmann: Ausgewählte Erzäh-
  lungen 651
Valéry: Die fixe Idee 155
– Eupalinos 370
– Herr Teste 162
– Über Kunst 53
– Windstriche 294
– Zur Theorie der Dichtkunst 474
Valle-Inclán: Frühlingssonate 668
– Tyrann Banderas 430
Vallejo: Gedichte 110
Vančura: Der Bäcker Jan
  Marhoul 576
Vian: Die Gischt der Tage 540
Vittorini: Die rote Nelke 136
Walser, Martin: Ehen in
  Philippsburg 527
Walser, Robert: Der Gehülfe 490
– Der Spaziergang 593
– Die Rose 538
– Geschichten 655
– Geschwister Tanner 450
– Jakob von Gunten 515
– Prosa 57
Waugh: Wiedersehen mit
  Brideshead 466
Weiss: Der Schatten des Körpers
  des Kutschers 585
– Hölderlin 297
– Trotzki im Exil 255
Weiß: Franziska 660
Wilde: Die romantische Renais-
  sance 399
– Dorian Gray 314
Williams: Die Worte 76
Wittgenstein: Bemerkungen über
  die Farben 616
– Gewißheit 250
– Vermischte Bemerkungen 535
Yeats: Die geheime Rose 433
Zimmer: Kunstform und Yoga
  482
Zweig: Die Monotonisierung
  der Welt 493